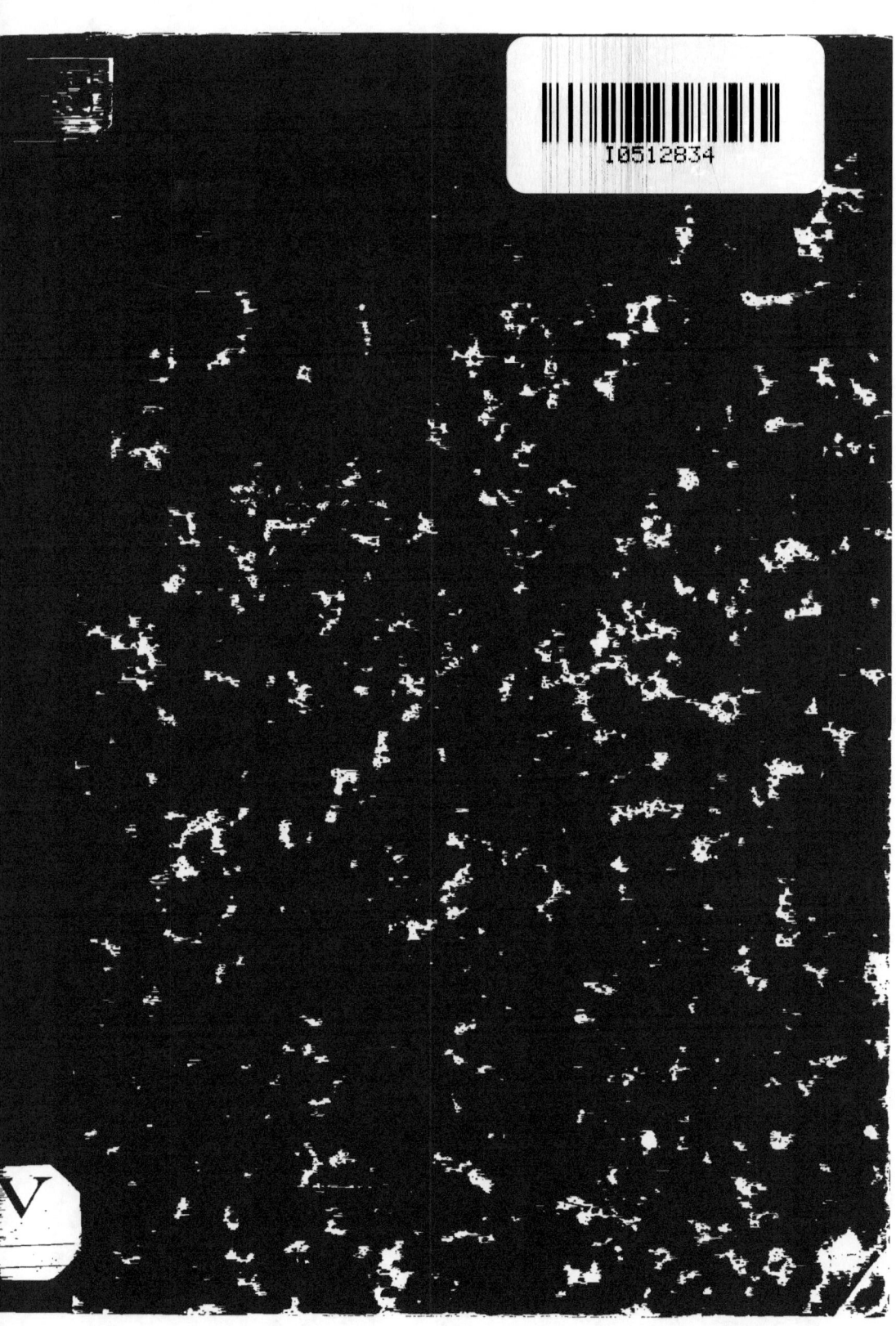

APPLICATIONS DE L'ART

A L'INDUSTRIE

EXPOSITION INTERNATIONALE DE LONDRES

1871

APPLICATIONS DE L'ART
A L'INDUSTRIE

PAR

F.-A. GRUYER

PARIS

IMPRIMERIE DE J. CLAYE

RUE SAINT-BENOIT

1872

APPLICATIONS DE L'ART

A L'INDUSTRIE

RAPPORT PAR M. A. GRUYER.

Chaque âge de la civilisation a laissé son empreinte particulière, non-seulement sur l'art proprement dit, mais sur tout ce qui relève de l'art et du goût. L'homme façonne à l'image de son esprit, de son caractère, de ses mœurs, de ses croyances, et même de son incrédulité, tous les objets à son usage. Les technologies orientales reflètent, avec des harmonies enchanteresses, quelque chose de théocratique et d'immuable. Les Grecs ont imprégné de leur génie tout ce qu'ils ont touché de leurs mains. Rome est venue, du poids de son omnipotence, alourdir et pour ainsi dire matérialiser cet amour, si plein de délicatesse et de grâce, que les Hellènes avaient eu pour la nature et pour l'homme, jusque dans les créations les plus familières, les plus intimes, les plus indispensables. Le christianisme, en prenant possession du monde moral, a rêvé pour les choses usuelles une nouvelle beauté. Les meubles et les objets meublants du moyen âge ont la sévérité naïve qui les fait aimer jusque dans leurs imperfections. De ces imperfections, le souffle de la Renaissance fait jaillir partout la lumière : les choses de métier les plus humbles deviennent alors de vraies œuvres d'art. Arrive la France de Louis XIV, qui communique à tous les usages de la vie le reflet de sa magnificence. Puis vient le XVIIIe siècle, où notre élégante frivolité remplit l'Europe et le monde de produits marqués au coin du goût français.

Qu'a fait notre XIXe siècle de toutes ces traditions, de toutes ces transformations, de toutes ces splendeurs? Les arts industriels des nombreux régimes qui se sont succédé chez nous depuis quatre-vingts ans nous ont-ils laissé des modèles?... Les générations qui suivirent immédiatement 1789 crurent à un monde nouveau; oublieuses et ingrates pour mille ans de luttes et de gloires, elles professèrent que la France datait de la Révolution, répudièrent les enseignements que leur léguait l'ancien régime, et voulurent tout créer à nouveau. La République et l'Empire, reniant les traditions aristocratiques des précédents régimes, eurent la prétention de remonter tout d'un coup jusqu'à l'antiquité, dont ils ne donnèrent qu'une mauvaise contrefaçon, presque une caricature. La Restauration se détourna de l'Empire et voulut se rattacher au moyen âge, mais sans plus de succès ni de vérité. La monarchie parlementaire de 1830 légua à la seconde République un éclectisme bourgeois que l'on se hâta de renier. Le second Empire enfin, exagérant le luxe en toutes choses, fit montre partout de richesse, mais ne satisfit pas davantage aux exigences du goût, de la raison, de la beauté. Chose singulière et qui porte avec elle un irrécusable enseignement. Avant la Révolution, un siècle suffisait à peine à modifier les habitudes, les costumes, les tendances du goût. Depuis la Révolution, de dix ans en dix ans, nos ameublements, nos toilettes, nos bijoux, tout notre luxe enfin a vieilli de cent ans. De plus, avant 1792, chaque âge se rattachait directement, par son art, à l'âge qui venait de finir. Depuis cette époque, chaque génération se détourne brusquement et avec lassitude de ce qu'a produit la génération précédente. Nous possédons la science, et elle ne produit rien de stable. Nous sommes incessamment en quête du mieux; mais nous ignorons les sages lenteurs par lesquelles s'accomplissent tout progrès, toute amélioration durable. Après nous être passionnés pour tous les systèmes, nous sommes encore à chercher les principes générateurs qui impriment à une époque sa marque originale. La démocratie, à la suite d'une formidable secousse, vient de nous lancer dans de nouvelles aventures. Y a-t-il place pour l'art au milieu des problèmes sociaux qui se posent de toutes parts? L'avenir répondra à cette question. En attendant, cherchons, après dix régimes différents en trois quarts de siècle, quel est l'état de nos arts industriels. Interrogeons-les sur ce qu'ils produisent, demandons-leur ce qu'ils promettent, et voyons si nous sommes en train de trouver une voie personnelle, où nos descendants nous pourront suivre avec amour et avec honneur.

Jamais occasion meilleure ne s'offrira pour une pareille étude. A partir de la présente année (1871), l'Angleterre convie les hommes de bonne volonté de toutes les nations à une Exposition qui permettra de suivre successivement et avec tous les développements nécessaires l'état de l'art parallèlement au mouvement de l'industrie. Une innovation considérable différencie cette exhibition de toutes celles qui ont précédé. Au lieu d'appeler à la même heure l'universalité des choses (ce que notre dernière Exposition (1867) a démontré, sinon comme impossible, au moins comme dangereux), l'Angleterre invite chaque année les producteurs du monde entier à concentrer leurs efforts sur telle ou telle branche de la production et de l'invention. De cette manière, dans une période donnée, toutes les grandes industries viendront tour à tour exposer leurs produits, en les montrant, sur une grande échelle et dans leurs transformations successives, depuis la matière brute jusqu'aux formes où le goût contemporain voit en elles des objets d'art. Il y a plus : de même que l'art proprement dit (peinture, sculpture, gravure, etc.) sera en permanence pendant ces cinq années, tout produit industriel jugé digne d'être considéré comme œuvre d'art aura droit aussi de paraître pendant toute la durée de l'Exposition. Nous aurons donc les loisirs nécessaires pour donner à nos jugements la maturité convenable.

Au point de vue industriel, la laine et la céramique se partagent cette année l'Exposition. Nous regarderons d'une manière spéciale ce qui intéresse l'art dans chacune de ces industries. Mais, avant de nous attacher à ce qui peut être considéré comme œuvre d'art dans les produits qui appartiennent à la laine, à l'argile, au calcaire ou au kaolin, nous signalerons les objets principaux qui, en dehors de ces industries méritent au plus haut degré, comme œuvres d'art aussi, toute notre attention. Les malheurs qui ont accablé la France depuis plus d'un an l'ont empêchée dès maintenant de paraître avec toute son importance à ce concours international ; elle n'y garde pas moins sa prépondérance relative et son rang. C'est ce qui ressort de l'examen que nous essayons aujourd'hui ; examen sommaire, d'ensemble plutôt que de détails ; examen sérieux cependant, qui nous préparera aux études plus approfondies que nous pourrons poursuivre les années suivantes, l'esprit, sinon dégagé, allégé tout au moins des douleurs qui le possèdent et l'obsèdent encore presque tout entier.

BRONZES D'ART ET D'AMEUBLEMENT.

Parmi les industries qui relèvent de l'art, la première à nommer est l'industrie des bronzes. J'en parle d'autant plus volontiers que cette industrie est essentiellement parisienne. La France et le monde demandent à Paris les statuettes, les bas-reliefs de petites, de moyennes et même de grandes dimensions, les vases, les candélabres, les lampadaires qui décorent les palais, les hôtels et jusqu'aux simples appartements. Si Paris disparaissait, la fabrication des bronzes d'art et d'ameublement disparaîtrait du même coup, et un vide réel se ferait dans les habitudes du luxe et du goût. Je ne prétends pas qu'il n'y ait à redire sur le goût que Paris impose à la province aussi bien qu'à l'étranger; mais pour que, du consentement universel, on se rende ainsi tributaire, il faut qu'il y ait, à l'avantage de celui à qui est payé le tribut, une incontestable supériorité. Cette supériorité, je la revendique pour Paris d'une façon plus pressante en ce moment que jamais, parce que Paris, vilipendé, mutilé, brûlé, bien coupable sans doute, mais plus imprévoyant que coupable, chargé du poids des fautes de tout un peuple, est et restera, quoi qu'on dise et qu'on fasse, l'intelligence, le cœur et l'âme de la France. Au point de vue spécial des industries qui nous occupent, Paris, s'il veut se remettre à travailler, demeurera la grande attraction du monde civilisé... A l'appui de mon dire, j'apporte des preuves irrécusables.

De tous nos fabricants de bronzes d'art, le plus considérable est M. Barbedienne. M. Barbedienne fut le premier qui comprit l'importance pratique des procédés de réduction de M. Collas. Il se passionna pour cette invention, mit, à la développer, sa fortune et sa vie, et, après mille vicissitudes, parvint à la renommée. Cette renommée est aujourd'hui sans conteste. Nous n'avons ici qu'une exposition improvisée, et, plus que toute autre encore, dans cet immense réceptacle des richesses et des convoitises universelles, elle attire et captive. La réputation de M. Barbedienne acquiert aujourd'hui la consécration d'un vrai patriotisme. A l'heure de nos désastres suprêmes, quand il fut évident, même pour les plus aveugles, que tout était désorganisé, presque anéanti dans notre malheureuse et chère patrie, M. Barbedienne fut du petit groupe d'hommes qui ne perdit pas l'espérance et qui voulut, en pleine agonie, montrer que nous portions encore les germes de la vie. Une vaillante cohorte d'artistes et de travailleurs parisiens ne s'arrêta pas plus devant la Commune menaçante que devant l'Allemagne victorieuse ; ramassant à la hâte ce qui restait dans les ateliers, dans les magasins, elle envoya cela à Londres pêle-mêle, sans ordre, presque au hasard, et se présenta pour la lutte avec les armes de rencontre qu'elle trouva toutes forgées sous sa main. Grâce aux aptitudes singulières qui se manifestent avec évidence dans cette Exposition, grâce aussi à l'habile direction de nos commissaires généraux, grâce surtout à l'infatigable persévérance de

M. du Sommerard, on peut voir la France, accablée par la guerre, se relever déjà presque victorieuse par les arts de la paix.

Plusieurs groupes de produits se distinguent dans l'exposition de M. Barbedienne : les bronzes textuellement copiés sur les œuvres originales ; les bronzes réduits par le procédé Collas ; les bronzes dus à l'initiative d'artistes contemporains ; les émaux et les montures imités de l'Orient ; les marbres, compléments nécessaires des bronzes d'ameublement.

La statue d'Auguste sert de type au premier de ces groupes. Tout le monde connaît le marbre du Vatican, découvert, il y a six ans, aux environs de Rome, dans une petite ville adoptée par Livie. Cette statue se recommandait à la reproduction, non-seulement par la beauté de la figure, mais par la richesse et l'originalité des accessoires. C'est ce qu'a très-bien compris M. Barbedienne, en coulant en bronze cette œuvre magistrale, sans vouloir l'atténuer en rien, même dans sa grandeur matérielle. Une patine blonde, glacée, transparente, recouvre la tête et toutes les parties nues. Des frottis d'or rehaussent les lumières dans les draperies. Les petites figures sculptées en relief sur la cuirasse sont également rehaussées d'or, de même que tous les autres ornements du costume impérial. Ces effets sont heureux et traduisent avec fidélité, quoique avec indépendance, les colorations si remarquables de tous ces accessoires dans le marbre original. D'où vient cependant que ce bronze, quelque soin et quelque talent qu'il dénote, garde quelque chose de mou et de presque indécis, quand on le compare surtout aux grands bronzes antiques que nous voyons dans quelques-uns des musées de l'Europe ? C'est que, aux belles époques de l'art, le bronze était considéré comme la matière première par excellence dont il fallait faire les statues. Les marbres ne venaient qu'ensuite et n'étaient, le plus souvent, que la répétition des bronzes. Là, au contraire, le bronze n'est que la reproduction du marbre, et il ne peut avoir l'accentuation, la vivacité, la persuasion d'une œuvre de première main... Quoi qu'il en soit, félicitons M. Barbedienne d'une telle entreprise. C'est beaucoup oser que de reproduire, dans de telles dimensions, un tel monument. Un industriel qui fait de pareilles choses entre de plein droit dans le vrai domaine de l'art. Il se détache de toute idée de spéculation, car il est sûr que l'argent qu'il engage ne lui rentrera pas. Il place son ambition plus haut que les satisfactions usuelles du luxe, et propose à la richesse un monument qui peut-être ne la tentera pas. Comme fondeur, il démontre qu'il comprend la nécessité de la bonne composition du bronze, et qu'il sait allier, dans les meilleures proportions, les métaux indispensables à une bonne fonte.

Il fait voir enfin qu'il a pour collaborateurs familiers des artistes capables de se mesurer avec les difficultés de premier ordre. Il faut donc, à tous égards, remercier M. Barbedienne de nous donner une telle statue. — Deux torchères monumentales, portées par des figures de femmes, représentent encore la grande sculpture dans cette exposition. Ces statues ont été exécutées par M. Carrier-Belleuse, en vue de leur destination spéciale. Nous les avions vues en bronze doré à l'Exposition de 1867, où elles ont été acquises par le roi des Belges; nous les retrouvons cette année à l'état de vrai bronze. M. Carrier-Belleuse s'est inspiré de la renaissance française. L'arrangement des cheveux, le parti des draperies, rappellent la manière de Germain Pilon. Assurément ce n'est pas une œuvre irréprochable. L'écart des bras qui soutiennent la longue corne à laquelle sont fixées les lumières est exagéré. Il y a là quelque chose de gauche, presque de violent. On souhaiterait plus d'aplomb, plus de calme dans ces figures; on voudrait les voir plus sûres d'elles-mêmes, moins préoccupées de leur rôle. Des tentatives de ce genre n'en méritent pas moins d'être encouragées. Il faut savoir gré à l'industriel qui prend la responsabilité de telles aspirations.

Les réductions par le procédé Collas forment le second des groupes principaux que je veux signaler chez M. Barbedienne. Grâce à ces réductions, le niveau du goût s'est sensiblement amélioré depuis trente ans. Les bronzes que Paris imposait à la France et à l'Europe, il y a un quart de siècle, démontraient les plus grandes aberrations jointes à la plus profonde ignorance. Maintenant ceux qui pèchent par ignorance sont d'autant moins excusables qu'ils n'ont qu'à ouvrir les yeux pour s'instruire. Jamais la propagande que font journellement les bronzes d'art ne s'est produite d'une façon plus générale et plus manifeste. Citons, au hasard, dans ces reproductions. Parmi les antiques : la *Vénus de Milo*, le *Narcisse*, le *Gladiateur*, la *Joueuse d'osselets*, la *Diane de Gabies*, la *Diane Chasseresse*, le *Sophocle*, l'*Aristide*, le *Mercure*, la *Vénus accroupie*, le *Germanicus*, etc. Parmi les œuvres de la Renaissance : le *Saint-Jean*, de Donatello; le *Moïse et les figures des tombeaux des Médicis*, de Michel-Ange; le *Mercure*, de Jean de Bologne; les *Grâces*, de Germain Pilon. Plus près de nous, la *Marie Leczinska*, de Coustou; la *Baigneuse*, de Julien; la *Vénus*, d'Allégrain; la *Baigneuse*, de Falconnet; la *Madeleine*, de Canova; le *Pêcheur*, de Rude; la *Pénélope*, de M. Cavelier; le *Saint Jean* et le *Chanteur florentin*, de M. Paul Dubois, etc. Toutes les œuvres de la sculpture sont ainsi répandues partout à profusion, je dirai presque avec exagération. En effet, le reproche que l'on pourrait adresser à M. Barbedienne, c'est d'avoir trop rapetissé les chefs-d'œuvre et de les avoir amoindris, en ployant leur grandeur originelle à des usages journaliers. Je n'aime pas voir, sur une pendule, les *Parques* ou la *Vénus de Milo*; j'aime encore moins reconnaître les *Panathénées* autour d'une de nos lampes. Quand on s'adresse à de telles œuvres, il faut rester avec elles sur les hauteurs. Les dieux qui ont habité les temples de l'antique Hellénie ne doivent descendre de leurs sanctuaires que pour s'imposer encore à notre admiration, et, si l'on se hasarde à réduire leurs dimensions primitives pour les faire entrer dans nos habitations mesquines, il importe qu'ils ne perdent rien de nos respects et qu'ils se tiennent toujours au-dessus de notre familiarité. Il est difficile aussi, pour ne pas dire impossible, de reproduire, même avec des procédés mécaniques et mathématiques, les œuvres grecques de premier ordre, sans en atténuer l'idéale beauté. Le procédé Collas rend au juste les rapports entre les parties : mais, une fois le plâtre ou le bois taillés par la machine, il faut, sur cette réduction en relief, faire un moule en creux et presque toujours en plusieurs parties; dans ce moule, il faut couler le bronze, réunir les divers morceaux, les raccorder, cacher les jointures, exécuter les soudures avec habileté et les dissimuler avec précaution, faire disparaître les traces des *jets* et des *évents* sans altérer le sentiment général de l'œuvre. Or, de vrais artistes suffiraient à peine à un pareil travail, et c'est à des artisans qu'on est obligé de le confier. De là, souvent, de graves lacunes dans ces réductions, qu'il faut, bon gré mal gré, amener à des prix de vente. Ces bronzes n'en sont pas moins précieux, car, sauf les fautes accidentelles que je viens de signaler, ils reproduisent la physionomie propre de chaque monument. Les siècles qui nous ont précédés pouvaient reconnaître leur propre image dans les antiques qu'ils croyaient copier. Il ne manque aux dieux dont le parc de Versailles est peuplé que les lourdes perruques du xviie siècle, pour qu'ils puissent figurer avec avantage dans un des ballets du grand roi. Poudrez de blanc la chevelure des Vénus du xviiie siècle, mettez du rouge et quelques mouches à leurs galants visages, affublez-les de paniers et de robes à falbalas, et vous verrez en elles la parfaite ressemblance des dames contemporaines de Louis XV. Poursuivez cet examen sous la République et sous l'Empire, et vous trouverez aux héros de la Grèce et de Rome la pédantesque roideur de ces tristes époques. Il n'en est plus ainsi de nos jours, et tout le monde peut prendre une exacte notion des œuvres de haut style.

Le troisième groupe des produits exposés par M. Barbedienne comprend les bronzes qui appartiennent en propre à l'invention contemporaine. M. Barbedienne, dès ses débuts, a su intéresser à ses idées, à ses ambitions, je devrais dire à ses aspirations, de vrais talents, de vrais artistes. Je ne puis me rappeler sans émotion les vases aux formes charmantes, aux reliefs délicats, dus au pauvre Cahieux, que le choléra de 1854 nous enleva à la fleur de l'âge. Aujourd'hui c'est M. Levillain, élève de M. Jouffroy, que M. Barbedienne a eu la bonne pensée d'associer à ses travaux. M. Levillain est un classique, et je l'en félicite. Sans copier servilement les vases grecs, il s'en inspire, et comme forme, et comme ornementation, et il sait demeurer lui-même en présence des plus beaux modèles. Deux coupes oblongues, décorées de bas-reliefs dans l'intérieur du plateau, sont surtout remarquables. Dans une de ces coupes, on trouve un masque scénique, un vase, une cigogne, un Priape en forme de Terme. Tout cela, jeté comme au hasard, compose cependant une suite d'objets liés entre eux par l'attraction d'une harmonie discrète autant que forte. L'autre coupe, plus importante, montre la Poésie qui subjugue l'Humanité. L'idéal, personnifié dans Homère, prend une voix, se fait entendre : une jeune femme, accompagnée d'une gazelle, oublie les dieux domestiques et s'avance ravie vers le poëte ; un jeune homme, sans paraître s'apercevoir de l'abandon de l'épouse, reste comme suspendu aux accents enchanteurs; tandis qu'un homme, dans la force de l'âge, quitte son travail, sans plus se soucier des soins de la vie. Il y a là une parfaite entente des conditions de la sculpture et du bas-relief ; chaque figure respire à l'aise au milieu d'une atmosphère que rien n'encombre, chaque personnage paraît clairement, avec sa valeur propre et sa signification particulière. Tout est à signaler dans ces objets; il y a autant d'art dans l'attache des anses que dans la composition des bas-reliefs. Un ornemaniste de premier ordre, M. Constant, prend aussi une part importante dans la composition de la plupart de ces bronzes. Il assiste généralement les jeunes artistes, tels que M. Levillain, leur montre ce qui est possible, les avertit de ce qui serait téméraire, et, en leur prêtant la rare intelligence qu'il a de cet art des bronzes, si complexe et si délicat, il les maintient dans la bonne voie et souvent les y ramène. — C'est dans ce même groupe de produits que se placent les fines ciselures et les repoussés d'une si belle exécution dont M. Désiré Attarge enrichit les bronzes les plus précieux et souvent les pièces d'orfévrerie qui sortent des ateliers de M. Barbedienne. Un vase en bronze, de forme grecque, tout couvert de figurines et d'arabesques en argent et or [1], ainsi que des flambeaux d'argent ciselé, d'époque Louis XVI, assurent encore, dans cet ordre de produits, une des premières places à M. Barbedienne.

---

1. Ce vase a été vendu 15,000 francs au musée de Kensington.

J'arrive maintenant à ce qui fait l'objet d'une fabrication, je devrais dire d'un art spécial, dont M. Barbedienne a eu l'initiative et dans lequel il est passé maître : je veux parler de l'introduction des émaux cloisonnés dans l'industrie du bronze et de l'appropriation du bronze d'art aux plus rares produits de l'extrême Orient. Dans toutes les technologies qui appartiennent aux arts décoratifs, l'Orient a précédé l'Occident, il lui a montré la voie, il en a fixé le terme, il a pour ainsi dire épuisé les moyens. Bronzes, ivoires incrustés, émaux, laques, tout ce qui, par l'intermédiaire de l'œil charmé, enivre l'imagination, les Orientaux ont tout inventé, tout métamorphosé, tout imprégné d'une poésie, dont la couleur est la langue, dont le soleil est l'inspiration. Dans ce pays de la lumière, la création tout entière vibre d'une sonorité dont nous n'avons, dans nos climats, que l'écho. Voilà ce qu'il est aisé de saisir quand on regarde les produits de l'Orient, voilà ce que M. Barbedienne a parfaitement compris, et, une fois convaincu de l'origine et de la raison d'être de cet art, il s'est hâté de remonter aux sources. Au prix des plus grands sacrifices, il s'est composé une collection sans rivale, où les plus rares émaux se mêlent aux plus anciens bronzes de la Chine et du Japon, où les porcelaines introuvables se fondent dans une chaude harmonie avec les ivoires incrustés, les laques, les jades et autres matières dures et précieuses. Telle est la bibliothèque dans laquelle il prend chaque jour ses informations. Et quand, après avoir vécu dans ce sanctuaire, il se trouve aux prises avec une difficulté, la solution lui devient possible. Le sphinx oriental lui a-t-il livré tout son mystère ? Je n'oserais le dire, mais il s'est laissé pénétrer dans plusieurs de ses secrets.

Les émaux cloisonnés ont été, dès longtemps, l'un des objets principaux des préoccupations de M. Barbedienne. Après avoir examiné les émaux chinois, après avoir analysé la nature et la composition de l'émail, la texture des cloisons, leur manière d'adhérer à la pièce que l'on veut cloisonner, M. Barbedienne a été convaincu que ce qui était pratique en Chine et au Japon ne l'était pas chez nous. Les Chinois fondent d'abord en cuivre la pièce à émailler, comme si elle ne devait pas recevoir d'émail. Sur cette pièce ainsi fondue, ils dessinent les cloisons, et, ce dessin bien arrêté, ils en suivent très-minutieusement, très-délicatement les contours avec de petites feuilles de cuivre très-minces, qu'ils rapportent en les soudant à la pièce principale. Il y a là, on le conçoit sans peine, un travail tellement long, tellement dispendieux, qu'il faut presque y renoncer dans un pays comme le nôtre, où la main-d'œuvre prend chaque jour des proportions plus considérables. M. Barbedienne a donc cherché autre chose. Avant de fondre la pièce à émailler, il la modèle en plâtre ; sur ce plâtre, il dessine les cloisons ; ces cloisons dessinées, il les creuse, en leur donnant la profondeur et l'épaisseur convenables. Le modèle en plâtre, ainsi cloisonné, est ensuite moulé en sable. C'est dans ce moule que l'on coule en cuivre l'objet à émailler, qui vient alors à la fonte tout armé de cloisons. On comprend, au point de vue de la simplification et du prix de revient, la supériorité de ce travail sur le travail chinois. Ce procédé permet en outre de faire sur la pièce à émailler toutes les réserves de cuivre que l'on juge utiles, réserves que l'on peut dorer ensuite, et qui, surtout pour les grandes pièces, répandent dans l'ensemble de la variété, de l'éclat. Après avoir rendu justice à cette invention, il faut en signaler le côté faible. Ce côté faible, le voici. La pièce cloisonnée à la fonte et pour ainsi dire mécaniquement est plus nette, plus propre, plus irréprochable à un certain point de vue que celle dont les cloisons ont été rapportées après coup ; mais elle n'a pas ces mille imperfections charmantes qui impriment à toute œuvre de main d'homme l'émotion de la vie. Je ne voudrais pas dire précisément qu'un émail cloisonné chinois est à un émail cloisonné de M. Barbedienne ce qu'un cachemire des Indes est à un cachemire français, ce qu'un tapis turc ou persan est à un de nos tapis ; il y aurait cependant quelque chose de juste dans cette proportion, en faisant toutefois certaines réserves en faveur de l'éclat, de la couleur et de l'harmonie de nos émaux français. Ce qui est vrai d'une manière absolue, c'est que M. Barbedienne a puissamment contribué à introduire et à acclimater chez nous les émaux cloisonnés. Regardez les grandes pièces exposées à Londres cette année. Quelques-unes ont figuré déjà dans nos précédentes Expositions ; nous ne les en considérons pas pour cela avec moins d'intérêt, car c'est un art et une technologie désormais aussi français que l'art et la technologie des bronzes. Je prends à témoin l'armoire et les grands cornets, sur lesquels les émaux de toutes nuances, mêlés habilement à des réserves de cuivre doré, répandent un éclat de si bon aloi.

Les incrustations des métaux nobles (or, argent, platine) dans le cuivre et l'airain forment maintenant, à côté des émaux, une des ramifications de cet art du bronze, si varié dans ses formes, si complexe dans ses applications. Les Chinois fournissent encore, à ce point de vue, les plus beaux spécimens, et M. Barbedienne parvient à les imiter. Le codex du fabricant de bronze donne des formules dont il faut rarement s'écarter. Cependant les alliages de cuivre, renfermant de 7 à 11 pour 100 d'étain, ou même d'étain, de zinc et de plomb, ne fournissent pas une de ces règles immuables dont on ne doive jamais se départir. Les métaux précieux peuvent avec avantage être introduits dans ces alliages.

L'antiquité orientale et l'antiquité classique ont pratiqué ces mélanges. Qui ne connaît les bronzes nuagés d'or et les bronzes à cristallisations lamelleuses des Chinois et des Japonais, où l'or paraît avoir été projeté dans l'alliage en fusion? Ces bronzes, avec leur patine semblable à un émail couleur d'ambre, sont encore, quant à leur fabrication, un mystère pour nous. Qui n'a vu aussi, dans nos récentes expositions orientales, des bronzes chinois incrustés, non-seulement d'or et d'argent, mais de malachite de lapis-lazuli et de gemmes de toutes sortes. L'adjonction des matières précieuses dans le bronze était donc chose familière aux Orientaux. Quant à l'antiquité grecque, les textes abondent pour nous prouver qu'elle était également éprise de ces sortes d'alliages, ou plutôt d'alliances. Homère, en décrivant le bouclier d'Achille, fait intervenir quatre métaux : le cuivre, l'étain, l'or et l'argent. D'après Hésiode, le bouclier d'Hercule, brillant comme l'or, étincelait en outre de gypse, d'ivoire, d'électre et de cyanus. Les Corinthiens mêlaient communément de l'or à leurs bronzes, et s'en trouvaient bien. Pline cite Teucer comme l'artiste le plus habile de son temps dans ces sortes de travaux. Le moyen âge hérita de ce goût, mais non pas sans doute de tous les procédés capables de le satisfaire. Ce sont ces procédés que M. Barbedienne, avec une infatigable activité, s'applique à retrouver, en se tournant surtout du côté de l'Orient. Des résultats très-heureux ont déjà récompensé ses efforts.

Dans tout ce groupe inspiré des technologies orientales, ce que je préfère et ce que je considère presque comme irréprochable, ce sont les montures en bronze dont M. Barbedienne décore les émaux, les porcelaines, les jades, les ivoires et tous les objets précieux de la Chine et du Japon. Ces montures ont la précision de l'orfévrerie, et elles ont en même temps l'indépendance d'inspirations personnelles. Tantôt ce sont des bambous, tantôt ce sont des feuilles et des fleurs de lotus qui servent de base aux vases précieux dont on a fait des lampes. Ici, des chimères se tordent au milieu des roseaux et deviennent les piédestaux des pièces les plus rares et les plus importantes de l'émaillerie chinoise; là, des têtes d'éléphants forment les supports des plus belles potiches de porcelaine orientale. Des dents de rhinocéros, sculptées et incrustées de pierres fines, sont enchâssées dans des montures dorées, dont les méandres sont en accord parfait de délicatesse et de goût avec les objets qu'ils accompagnent. Les jades les plus exquis sont encadrés dans des bordures plus exquises encore... M. Barbedienne, particulièrement assisté de M. Constant Sevin, s'est fait, de ces charmantes fantaisies, une spécialité qui lui fait beaucoup d'honneur.

Je ne veux pas quitter l'exposition de M. Barbedienne sans signaler aussi les deux grandes cheminées en marbre blanc, qui peuvent être regardées comme l'accompagnement et le complément nécessaires des plus beaux produits dont nous venons de donner une énumération succincte. Sur l'une de ces cheminées, de style Louis XVI, est sculpté un bas-relief qui rappelle le genre de Clodion. Sur l'autre, qui est beaucoup plus importante et entièrement sculptée par M. Carrier-Belleuse, est jetée une draperie soutenue par trois Amours. Ces marbres sont très-décoratifs, et il faut encourager les hommes qui, mettant en commun leurs efforts, se préoccupent avec tant de vigilance de tout ce qui, de près ou de loin, touche à leur art, l'accompagne, le complète.

M. Denière a poursuivi une tout autre voie que M. Barbedienne. Il a moins cherché, moins trouvé par conséquent. Il n'a, pour ainsi dire, rien tenté de nouveau, rien inventé d'original. Cependant, tout en restant dans les sentiers battus, il ne s'est pas enfoncé dans la routine, et, tout en obéissant au goût du plus grand nombre, qui est généralement le mauvais goût, tout en donnant pleine satisfaction à l'amour du luxe et aux appétits déréglés de la richesse à outrance, il s'est efforcé d'incliner sa clientèle vers l'élégance et de l'éloigner de la trivialité. M. Denière s'est placé avant tout au point de vue commercial, et, industriellement parlant, il a eu parfaitement raison.

Presque toutes les industries ont des rapports plus ou moins directs avec l'art; aucune n'est et ne peut être véritablement l'art. Il y a, entre les deux mots *arts industriels,* que l'on prodigue partout à chaque instant, un flagrant désaccord; l'oreille est habituée à cette locution, et la dissonance ne nous en choque pas, mais la réflexion ne la supporte guère et la logique ne l'admet pas du tout. L'art a pour objet, en dehors de toute idée de spéculation, de chercher, sous les formes du beau, la réalisation du bien; le but est tout idéal; si l'artiste se laisse envahir par la pensée du lucre, il descend de sa profession pour prendre un métier. L'industrie, au contraire, a pour but la spéculation, par l'intermédiaire de la production et du commerce; si l'art s'empare d'un industriel, sans doute il l'élève comme homme, mais il tue en lui le commerçant. Je reviendrai sur cette idée; je dirai comment et dans quelles limites l'art, tout en restant lui-même et dans sa propre sphère, doit se rattacher à l'industrie.

M. Denière a conquis sa réputation de grand industriel et de commerçant habile dans la fabrication des bronzes d'ameublement. Il s'est dit judicieusement qu'il fallait approprier, je ne dirai plus l'art, mais le luxe aux conditions moyennes, souvent mesquines, de notre société; que, dans nos appartements bourgeoisement dorés par des architectes uniquement préoccupés aussi de la question financière, toute tentative d'archaïsme serait une prétention presque ridicule, et que, s'il convenait de se rattacher à la tradition, c'était dans le xviie et dans le xviiie siècle français qu'il fallait chercher. Ainsi M. Denière ne s'est tourné, ni vers l'Orient, pour y chercher l'éclat de la lumière, ni vers l'antiquité, pour y trouver la pure beauté des formes, ni vers la Renaissance, pour y puiser le sentiment personnel; ayant à fabriquer des pendules, des candélabres, des appliques, des feux, il en a emprunté les modèles aux contemporains de Louis XIV, de Louis XV et de Louis XVI, qui en ont fabriqué de charmants. Ni l'Orient, ni la Grèce, ni l'Italie du xve et du xvie siècle, n'ont connu le besoin qui nous obsède de consulter l'heure à chaque instant. C'est une nécessité toute moderne, qu'il faut satisfaire sous des formes également modernes, et à laquelle le goût français de l'ancien régime a pourvu avec une richesse d'invention pour ainsi dire inépuisable. J'ai déjà dit que les reproductions d'œuvres de haut style n'étaient point à leur place sur nos pendules. Je préfère, et de beaucoup, une pendule fidèlement copiée sur un vrai modèle de pendule, alors que, sans prétention d'esthétique, on ne demandait à une pendule que de donner l'heure commodément, courtoisement, avec élégance et avec simplicité. Les pendules dites *religieuses,* dont les cadrans dorés et couverts d'arabesques sont si discrètement enchâssés dans des monuments d'ébène ou d'écaille presque classiques de formes, furent d'abord d'excellents modèles. Ces pendules, contemporaines de Louis XIII, marquent l'heure où le goût français reprit possession de lui-même et redevint prépondérant. Sous Louis XIV, la disposition de nos horloges perdit cette sobriété monumentale, et les derniers liens qui rattachaient naguère le goût français au xvie siècle furent rompus. Les pendules notamment, sous forme de lyres décorées des incrustations de Boule, prirent un éclat nouveau. Alors aussi se fonda la véritable industrie française des bronzes d'art. Nos fabricants, je devrais presque dire ici nos artistes, exécutèrent des pendules entièrement en bronze doré, et, tout en leur imprimant un somptueux caractère, ils ne leur firent rien perdre de leur physionomie propre et de leur commodité. Le cadran demeura toujours la préoccupation dominante; ce fut sur lui que se porta l'effort principal de l'invention, c'est par lui qu'on voulut captiver d'abord le spectateur, sauf à le distraire ensuite par l'agrément des accessoires, des ornements, des emblèmes, souvent des figures allégoriques empruntées à la mythologie du grand roi. Puis l'art des bronzes participa de la frivolité du règne de Louis XV. Les bronzes d'ameublement perdirent peu à peu cette abondante et riche simplicité que nos fabricants leur avaient conservée pendant près d'un siècle ; on abandonna les lignes sobres, presque solennelles, dans lesquelles, jusqu'alors, on s'était maintenu ; on se livra à la fantaisie, au caprice, mais en gardant une rare élégance d'appropriation. Les Amours foisonnèrent sur les pendules, comme à travers les candélabres et les lustres. Les mœurs faciles marquèrent toutes choses de leur empreinte maniérée. On sent comme le goût de Watteau pendant la première partie du siècle, et comme celui de Boucher pendant la seconde. Cependant on trouve encore à cette époque d'excellents modèles et en très-grand nombre ; le tout est de les bien choisir et de les interpréter convenablement. Vint l'époque de Louis XVI, où le goût tendit d'abord vers une austérité relative, mais sans pouvoir s'arrêter court dans la voie où il était lancé ; l'impulsion donnée était irrésistible, et la vieille société française voulut, avant de périr, épuiser toutes les formes de l'élégance, en même temps que tous les caprices de la fantaisie. On vit néanmoins le calme renaître dans les lignes. L'industrie des bronzes gagna en sagesse ce qu'elle perdit en exubérance. Les modèles qu'elle nous a laissés à cette époque sont plutôt d'exécution parfaite que de conception grandiose. Les pendules et les candélabres tendent d'abord à revenir aux traditions du grand règne ; puis le siècle reprend son cours et façonne à son image jusqu'aux moindres objets. Mille fantaisies charmantes, d'une irréprochable exécution, marquent les années qui précèdent la Révolution. Clodion crée des groupes d'une allure vive, d'un goût souvent risqué, pour ne rien dire de plus, et modèle nombre de figurines spécialement conçues en vue des bronzes d'ornementation. Cette appropriation particulière constitue même un des principaux mérites des bronzes de Clodion pour le sujet qui nous occupe. Ses nymphes et ses satyres, ses pastorales et ses bergeries, sont mieux à leur place dans les pavillons de Trianon que dans le château de Versailles ; ils sont faits à la mesure d'une société qui se décompose, et qui veut rester elle-même, coquette, fardée, poudrée, musquée, jusques à son dernier soupir. Gouthière arrive enfin avec son admirable ciseau, et donne le cachet de la perfection aux dernières fantaisies de notre vieille France. Ajoutons que, à ces époques, l'horlogerie était cultivée à la fois à l'égal d'un art et d'une science ; que les combinaisons les plus savantes étaient cherchées partout avec émulation ; que les pendules étaient avant tout un objet de calcul ; et que les bronzes, quelque beaux qu'ils fussent, n'étaient qu'un accessoire, qu'un encadrement plus ou moins riche et heureux conçu en vue de pièces de précision.

Voilà les époques où nos fabricants doivent puiser leurs modèles, et c'est là que M. Denière a très-sagement cherché les siens. — Je citerai surtout un très-beau modèle de pendule Louis XIV, dont un des originaux

se trouve chez Mme la comtesse Le Hon. Un grand cadran de cuivre ciselé en fait à lui seul presque tous les frais. On y lit non-seulement l'heure, mais les saisons, les mois, les lunes, etc. Ce cadran, soutenu par des pieds de cuivre, est surmonté d'un fronton circulaire décoré d'un masque de femme. Une figurine, qui représente le Temps, couronne ce petit monument, dont toutes les proportions sont heureusement et finement traitées. De chaque côté de cette pendule, un nègre et une négresse, sculptés par M. Carrier, supportent des girandoles de lumières dans le goût aussi du XVIIe siècle. Cet arrangement, bien que soigneusement fait, me plaît moins que la pièce originale fidèlement reproduite.
— Parmi les nombreux objets de la brillante exposition de M. Denière, je veux signaler encore de bonnes reproductions d'époque Louis XVI : entre autres une pendule en forme de lyre, flanquée de deux charmants candélabres, dont les originaux ont été achetés par le marquis d'Herford à la vente du prince de Beauveau ; une autre petite pendule de même temps, dont l'original appartient à Mme Le Hon ; et surtout une bonne répétition des deux grands candélabres du palais de Saint-Cloud, candélabres qui figuraient à l'exposition rétrospective de 1867[1]. N'oublions pas non plus quelques bons cartels en bronze doré, de riches appliques fidèlement copiées sur des modèles empruntés aux époques que nous avons signalées, et des candélabres dont les feux sont soutenus par des enfants en marbre imités de François Flamand. Voilà du luxe de bon goût, voilà de la richesse qui peut entrer dans nos maisons sans les déshonorer. M. Denière est là dans sa vraie sphère de fabrication. A mon avis, il s'égare dès qu'il en veut sortir : témoin la Cérès, en ivoire, habillée de bronze ; et la Diane, qui rappelle la renaissance française, mais en nous faisant voir combien nous avons dégénéré.

J'ai pris les expositions de M. Barbedienne et de M. Denière comme types principaux de ce qu'ont fait de nos jours l'art et l'industrie des bronzes. Ces expositions méritaient d'être signalées d'une façon toute spéciale, parce qu'elles sont fort importantes et qu'elles demeureront, l'une et l'autre, bien que dans des directions différentes, un centre d'attraction considérable. A côté d'elles se rangent celles de M. Marnyhac, de M. Eugène Cornu, de MM. Raingo frères, etc. Malgré l'intérêt qu'elles présentent, elles n'ont rien à nous apprendre, et nous n'avons pas à nous en occuper dans cette étude sommaire, qui n'est point une

---

[1]. A la base en marbre blanc sur laquelle sont montés les candélabres originaux, M. Denière a substitué trois pieds de bronze doré, modelés sur des bronzes anciens. Au milieu de ces candélabres, M. Denière a placé une grande pendule Louis XVI, composée avec talent par M. Foorty.

nomenclature, mais une vue d'ensemble, dans laquelle nous cherchons un enseignement.

Quant aux autres nations, j'ai dit que l'industrie des bronzes d'art n'existait pas chez elles. L'Angleterre particulièrement ne la possède point. Quelques rares bronzes se trouvent bien çà et là sous le couvert de la Belgique, de l'Italie, de l'Allemagne; mais ce ne sont que des exceptions. Je ne puis cependant passer sous silence les copies qu'a faites M. Pierotti des grands candélabres de la Chartreuse de Pavie. Je veux rappeler surtout les reproductions, en grandeur d'exécution, des lits antiques du musée de Pompéi. Ce sont d'excellents modèles et qui ne sauraient être trop médités. M. Castellani, en attachant son nom à ces admirables types de bronze, a donné une nouvelle preuve de son savoir et de son goût [1].

Il est convenable, je crois, de mentionner ici certaines sculptures qui appartiennent à la fantaisie au moins autant qu'à l'art, et qui sont faites surtout pour satisfaire le goût du jour. Parmi ces sculptures, se placent en première ligne la plupart de celles de M. Carpeaux. Ses bustes en terre cuite, intitulés *le Printemps, Rieurs* et *Rieuses,* sont évidemment conçus et exécutés en vue du commerce. M. Carpeaux sait que ses contemporains n'aiment pas la vraie sculpture, l'art austère par excellence, et il leur donne en échange des terres cuites, des bronzes et des marbres tout chauds de sensualité. Voyez encore le buste emprunté à une des bacchantes en état d'ivresse qui tordent leurs chairs palpitantes sur la façade du nouvel Opéra. C'est toujours le même esprit et le même parti pris d'exécution. Qu'ont à faire, en pareille compagnie, une image de la *Candeur,* et surtout une *Mater dolorosa?* Quand l'intelligence s'habitue à de certaines pensées, elle ne peut plus s'en distraire. Quand l'artiste s'attarde à de certaines images, il en est obsédé malgré lui, et si son esprit veut aller ailleurs, sa main ne lui obéit plus ou lui obéit mal. La *Candeur* de M. Carpeaux n'a rien de candide, et sa *Mater dolorosa* n'a rien de religieux. Le talent très-réel de M. Carpeaux ne peut se mesurer avec de tels sujets. — J'en dirais autant et plus encore de M. Clésinger. — Les marbres colorés de M. Cordier appartiennent aussi à cet ordre de produits. — Citons encore, non pas avec les mêmes critiques, mais pour les rattacher à ce groupe : une tête d'Apollon, de l'invention de M. Aimé Millet, fondue en bronze par M. Denière; un pâtre italien, de M. Moreau Vauthier, qui a en outre exposé une statuette de bai-

---

[1]. Citons aussi, pour mémoire, le *Joueur de Ranglia,* petite figure napolitaine exposée par M. A. Sopers.

gneuse, en ivoire, et un buste de Clytie, également en ivoire et d'après l'antique; un groupe de Ganymède, par M. Hippolyte Moulin, élève de M. Barye; deux terres cuites de M. Fautras; deux statuettes en bronze argenté, par le regrettable M. Falconnet; deux cires, par la princesse Cantacuzène; deux autres petites cires coloriées, par M. le comte de Nieuwerkerke, charmants pastiches du xvie siècle; deux groupes d'ivoire, par M. de Triquetti; un bénitier, dessiné par M. Salmson et ciselé par M. Honoré; etc. Je pourrais multiplier les exemples, et montrer que, chez nous, l'art sait, avec trop de complaisance peut-être, se ployer à des destinations secondaires.

DORURE ET ARGENTURE GALVANOPLASTIQUES.

ORFÉVRERIE, BIJOUTERIE, ETC.

Une industrie, très-voisine de celle des bronzes, puisque le cuivre en fait le fond, plus voisine encore de l'orfévrerie, puisque l'argent et l'or revêtent les objets qu'elle fabrique, a mis en œuvre les procédés galvanoplastiques, en les appliquant, dans les proportions les plus vastes, aux usages les plus variés. Dans ses rapports avec l'art, cette industrie est en outre, comme celle des bronzes, éminemment française. Née des découvertes de M. de Ruoltz et de M. Elkington, c'est M. Charles Christofle surtout qui l'a acclimatée chez nous... Voilà trente-deux ans que le nom de M. Christofle figure presque triomphalement à toutes les Expositions. Ce fut en 1844 que M. Ch. Christofle, déjà connu et récompensé à l'Exposition de 1839 pour ses travaux d'orfévrerie, exposa les premières pièces dorées et argentées par la voie humide. Après de nombreux tâtonnements, il démontra, à l'Exposition universelle de Londres, en 1851, qu'il était maître désormais de tous les secrets de la galvanoplastie. Il savait dès lors déposer avec certitude la couche de cuivre convenable dans toutes les parties d'un moule; la dosimétrie lui avait livré ses secrets; il pouvait, dans un bain de cyanure d'or ou d'argent, emprunter au sel en dissolution le poids précis du métal précieux dont il voulait recouvrir le cuivre; grâce à des courants voltaïques sûrement dirigés, l'or s'alliait en proportions diverses avec l'argent ou avec le cuivre, et prenait ainsi des tons variés; le chalumeau à hydrogène fournissait à cette industrie des puissances caloriques qui avaient raison de toutes les résistances des métaux; les problèmes relatifs à l'assemblage et à la soudure étaient tous résolus. En 1855 (Exposition universelle de Paris), la forme des objets exposés par M. Christofle attira l'attention du jury. Des artistes tels que MM. Diebolt, Daumas, Montagny, Briant frère, Rouillard et Gilbert étaient associés aux efforts de M. Christofle [1]. En 1862 (2ᵉ Exposition universelle de Londres), les surtouts de table de la ville de Paris et du prince Napoléon confirmèrent les succès antérieurement obtenus. M. Charles Christofle étant mort peu après cette Exposition, son fils et son neveu, MM. Paul Christofle et Henri Bouilhet, lui succédèrent. L'Exposition de 1867 montra que, sous cette direction nouvelle, rien ne devait dégénérer, ni dans les procédés de fabrication, ni dans les aspirations qui rattachent de si près à l'art une telle industrie. Je rappelle, comme mémoire, le service dessiné par le pauvre Klagman; la table et le miroir de toilette composés par M. Reiber; les pièces néo-grecques de M. Rossigneux, etc. Deux tentatives d'innovations apparurent en outre à cette époque : les incrustations des métaux, et les émaux exécutés à la manière orientale. Ces produits forment encore aujourd'hui la partie la plus intéressante et la plus originale de l'exposition de M. Christofle.

Les vases, plateaux, etc., incrustés de différents métaux, qu'exposent MM. Christofle et Bouilhet, accusent un progrès réel sur les tentatives faites jusqu'à ce jour dans cette direction particulière. Les différents tons de l'or, les nielles, les anciennes oppositions de l'or et de l'argent, du bruni et du mat, sont désormais, comme effet pittoresque, de beaucoup dépassés. C'est aux tons chauds du bronze que MM. Christofle et Bouilhet cherchent à marier surtout les métaux précieux. Mais les objets qu'ils fabriquent, tout en prenant dans leurs parties essentielles l'aspect du bronze, n'en gardent pas moins, par la manière dont ils sont traités, l'apparence de l'orfévrerie. Les pièces ainsi façonnées relèvent de l'Orient, et c'est M. Reiber qui est spécialement chargé d'en dessiner les modèles. Les Orientaux, les Japonais particulièrement, avant de créer une forme et de la décorer, regardent la nature et s'appliquent à l'imiter dans quelques-uns de ses détails pittoresques. Les tiges de bambou armées de leurs feuilles lancéolées, les branches de cognassier, les roseaux et les sagittaires, les fleurs de la pivoine et du chrysanthème, les oiseaux aux brillants plumages, voilà des modèles vieux comme le monde et qui se prêteront jusqu'à la fin des siècles à toutes les fantaisies des arts décoratifs. Or, là comme toujours, là même plus qu'ailleurs peut-être, l'artiste ne doit pas copier, mais interpréter, et cette interprétation doit être excessivement large. Si les Orientaux, après avoir arrêté, par un contour vif et précis, la forme d'une plante ou d'une fleur, ne cherchent pas à

---

1. Le service de table, commandé par l'empereur, fut alors spécialement remarqué.

rivaliser de modelé avec la nature, s'ils n'accumulent pas tons sur tons et couleurs sur couleurs, s'ils se contentent de teintes plates et franches, qui, tout en donnant aux choses une certaine apparence de la réalité, démontrent quelle large part est faite à la fantaisie, croit-on que ce soit impuissance? Nullement. C'est par intuition, et aussi par calcul, qu'ils en usent ainsi. MM. Christofle et Bouilhet ont très-sagement fait en suivant cet exemple et en procédant, par des applications à plat d'un métal sur un autre, dans la décoration de ces sortes de pièces. Voyez leurs plateaux, leurs bouteilles, leurs cornets, leurs potiches, etc., dont la couleur varie de la feuille morte au violet : les plantes, les oiseaux, les paysages, y sont nettement dessinés par un trait d'or ou d'argent, et les couleurs indiquées par de simples teintes plates. Je citerai notamment le service à thé, sur les pièces duquel grimpent des tiges et des feuilles de bambou, qui s'arrangent avec harmonie au milieu des oiseaux, des poissons et des fleurs[1]. J'aime moins les combinaisons néo-grecques imaginées par M. Ch. Rossigneux. Le reproche qu'on peut adresser à ces produits, c'est la froideur et la régularité d'exécution qui dérivent des procédés mécaniques. Quand on regarde les bronzes incrustés de la Chine et du Japon, on sent que c'est bien dans du vrai bronze qu'ont mordu l'or et l'argent, et l'on comprend que, pour pénétrer cet airain, les nobles métaux n'ont rien épargné d'eux-mêmes et se sont donnés tout entiers. On est saisi en outre par le travail et par l'effort de l'homme directement aux prises avec la matière; on voit que l'ouvrier, tout en soumettant la nature, ne se peut imposer à elle sans rencontrer les résistances qui donnent à son travail la vivacité, l'émotion, l'accent personnel. Il n'en est pas ainsi des produits modernes. Il est évident, au premier aspect, que la main humaine n'est pour rien dans la fabrication de ces objets, que l'on n'a point affaire à du vrai bronze, que l'on n'a là que des surfaces et point de profondeur, que les métaux précieux n'ont pas pénétré dans la masse, qu'ils n'ont été déposés que superficiellement par des agents soumis à la science, mais inconscients d'eux-mêmes et des résultats qu'ils produisent. De là vient la régularité un peu froide des incrustations de MM. Christofle et Bouilhet. Non que nous voulions décourager nos vaillants industriels des efforts qu'ils tentent incessamment vers le mieux. Nous les supplions, au contraire, de persévérer. Si nous leur signalons des lacunes, c'est avec l'espoir qu'ils parviendront à les combler.

Nous sommes d'autant plus à l'aise dans notre critique, que, par

---

[1]. Ce service a figuré déjà à l'Exposition universelle de 1867.

les grands émaux cloisonnés qu'ils exposent à Londres cette année, MM. Christofle et Bouilhet démontrent qu'ils sont à même de triompher des plus grandes difficultés. Leurs émaux sont faits à la manière chinoise, c'est-à-dire que les cloisons, au lieu d'être venues à la fonte et de faire partie de l'objet émaillé, sont rapportées et soudées sur cet objet. Voilà donc le travail chinois reconstitué de toutes pièces. Et ici, contrairement à ce qui se passe pour les émaux cloisonnés de M. Barbedienne, le travail, tout entier de main d'homme, conserve son relief et sa physionomie propre. Il y a, dans l'émail lui-même qui remplit toutes les alvéoles, quelques-unes des soufflures et des aspérités qui rappellent cette vibration et cette harmonie particulières à tous les produits de Orient; rugosités précieuses, sur lesquelles la lumière vient se briser sous des incidences qui éblouissent l'œil et le charment en même temps. Je louerai donc presque sans réserve les quatre grands vases sur lesquels fleurissent, dans un si doux et si harmonieux épanouissement, le lotus, les lis d'eau, les nénuphars et les chrysanthèmes. Ces émaux présentent une remarquable unité de tons, sans la moindre monotonie. Plus remarquable encore peut-être est la coupe portée par trois têtes d'éléphants niellées d'argent. Cette coupe est décorée de huit médaillons à fond d'émail vert, sur lesquels se dessinent des feuillages et des fleurs. Malheureusement, les prix de revient de ces objets sont considérables, et quand on veut entrer dans le domaine pratique, il faut compter non-seulement avec le goût, mais avec la possibilité de le répandre et de le développer. M. Barbedienne, au point de vue de la vente, a résolu la question, tout en sauvegardant l'art. MM. Christofle et Bouilhet, aidés de M. Tard, ont, plus encore peut-être, satisfait aux exigences du beau; mais ce genre de beauté, vu son prix excessif, n'a guère de chance d'entrer dans la circulation. L'entreprise, menée à bonne fin, qu'ont tentée MM. Christofle et Bouilhet est donc d'autant plus louable qu'elle est plus désintéressée.

J'arrive à la vraie spécialité de M. Christofle, et je l'aborde d'autant plus volontiers que c'est pour signaler une œuvre d'art proprement dite : je veux parler de la reproduction des pièces d'argenterie antique composant le trésor d'Hildesheim. C'est là certainement une des plus heureuses applications qui aient été faites des procédés si perfectionnés maintenant de la galvanoplastie. Je n'ai pas à décrire ici les différentes pièces qui forment ce trésor. Ce travail a été fait et bien fait par MM. F. Wieseler, Frohner, Fr. Lenormand et Alfred Darcel. Je me borne à féliciter MM. Christofle et Bouilhet d'avoir répandu, par la galvanoplastie, des œuvres dont quelques-unes sont faites pour relever le goût public, dont toutes sont dignes d'exciter l'érudition. Ils ont ainsi introduit dans leur industrie tous les éléments capables d'en anoblir le but, d'en élever le niveau, d'en accroître la dignité, en les confondant avec la dignité même de l'art.

Notre orfévrerie proprement dite n'a pour ainsi dire point paru à Londres cette année. La cause en est aux événements, qui ont intimidé, plus que toute autre, une industrie qui n'emploie que l'argent, l'or, et toutes les matières les plus précieuses. Nos orfévres eussent-ils été tentés d'accepter la lutte, qu'une sorte de pudeur les en eût d'ailleurs empêchés. Ce n'est pas à l'heure même de la ruine, alors qu'il faut payer la plus fabuleuse des rançons, qu'il convient d'étaler sa richesse. Nous ne sommes donc représentés par nos orfévres et nos joailliers que juste assez pour montrer que notre goût survit à notre prospérité, et que, à l'heure où se fera l'apaisement, nous aurons bientôt retrouvé ce que nous aura un moment enlevé la fortune. — Une reproduction de la grande coupe du Louvre en lapis-lazuli, avec sa monture en or émaillé, fixe d'abord notre attention. Ce beau travail est dû à M. Duron, qui nous fait voir, en outre, un bassin et une aiguière en or repoussé, avec des figures et des ornements émaillés. Ces trois pièces sont peut-être, au point de vue de l'orfévrerie, les trois pièces principales de l'exposition. Ce ne sont, il est vrai, que des copies; mais, pour copier de belles œuvres, il faut être passé maître dans l'intelligence et dans la pratique de son art. — M. Émile Philippe a envoyé aussi quelques bons morceaux d'orfévrerie, parmi lesquels un plateau et une aiguière en argent, malheureusement trop chargés d'ornements. Je signalerai aussi à M. Émile Philippe la crudité de ses émaux, la dureté de leurs tons, le manque d'harmonie dans ces objets qui doivent briller surtout par la couleur. — Nous regardons avec intérêt, dans l'exposition de M. Rouvenat, l'épée d'honneur offerte par les dames de Mulhouse au colonel Denfert. Rien de hors ligne, d'ailleurs, n'est sorti cette année de cette maison, qui a envoyé à Londres quelques bijoux, dont les diamants font le principal mérite. — De MM. Fannière frères, nous voyons les coupes données par l'empereur pour le grand prix des courses de Paris à M. Auguste Lupin et à M. Charles Laffitte, en 1869 et en 1870. — Je ne voudrais pas taire non plus le nom de M. Veyrat, qui est honorablement connu dans notre orfévrerie. — Quant à M. Froment Meurice, que nous aurions voulu nommer le premier, si son nom figure au catalogue de l'exposition française, il est rappelé par si peu de chose dans cette exposition, qu'il convient presque de dire qu'il n'a point paru à cette première épreuve. Nous ne doutons pas qu'il ne prenne son rang dès l'année prochaine... Je le répète, notre exposition, au point de vue de l'orfévrerie et de la bijouterie, est sans doute ce qu'elle devait être cette année, mais ne donne pas l'idée de ce qu'elle est réellement. Le peu qu'elle montre cependant est très-supérieur, par la mesure comme par le goût, à ce que nous voyons d'orfévrerie et de bijoux étrangers. Tout le monde connaît ce que font les argentiers anglais et les excentricités auxquelles ils se livrent sous prétexte d'inventions pittoresques. MM. Hancock et d'autres encore sont là pour nous donner raison. Je n'aime pas davantage les pièces d'orfévrerie exposées par M. Bourdon de Bruyne... Mais ce qu'il faut considérer avec intérêt, ce sont les jades enrichies de pierreries, les nielles noires sur or, et les filigranes d'or et d'argent envoyés par le gouvernement du Punjab. Malheureusement les formes orientales tendent trop à se rapprocher des nôtres, et ces objets perdent dès lors une partie de leur physionomie... Somme toute, l'orfévrerie, cette année, est peu ou point représentée, et il convient d'ajourner à des temps meilleurs une étude faite sur des informations suffisantes.

MEUBLES D'ART.

Les meubles, comme l'orfévrerie, ne figurent cette année que comme œuvres d'art. Malgré leur petit nombre, ils affirment la supériorité du goût français. — Je trouve, ou plutôt je retrouve, dans notre galerie de peinture du rez-de-chaussée, le bahut de M. Fourdinois, qui a fait si bonne figure à l'Exposition universelle de Paris, en 1867, et que le musée de Kensington s'est approprié comme un modèle. Ce meuble est bien composé; toutes les parties, bien dessinées, se tiennent et s'enchaînent; la sculpture y occupe une place importante, sans prétentions exagérées; des incrustations lapidaires (vert antique et lapis-lazuli) ajoutent à la richesse et à l'harmonie de l'ensemble; les arêtes du bois sont avivées comme des lignes métalliques; une précision mathématique règne dans les moindres détails; jamais exécution n'a été aussi juste, jamais ébénisterie ne s'est montrée plus irréprochable. Cependant cela est froid; et tandis que devant un meuble, sculpté de façon souvent presque grossière, appartenant soit au moyen âge, soit à la Renaissance, soit même au XVIIe ou au XVIIIe siècle, on se sent entraîné quelquefois jusqu'à la passion, ici nulle émotion ne vous gagne; on regarde, on admire, on s'étonne même de tant de perfections, mais on a beau s'approcher, toucher du doigt toutes ces choses, nulle part on ne sent vibrer la chaleur de la vie. C'est la faute de notre temps, ce n'est pas celle de l'habile industriel qui a fait un si louable effort. Les deux sphinx qui soutiennent le coffre sont bien conçus pour la fonction qu'ils remplissent, les corps sont d'un beau dessin ; malheureusement les têtes, d'un sentiment trop moderne, semblent indifférentes à la question d'art. De chaque côté des portes, entre deux colonnes accouplées, sont deux statuettes : Minerve et Mars; sur les portes, Apollon et Diane sont sculptés en bas-relief ; des nymphes sont couchées sur les tiroirs, tandis que deux figures nues accompagnent le fronton. Toutes ces sculptures sont savantes, et de vrais artistes peuvent à bon droit en revendiquer l'exécution ; cependant elles participent de la froideur générale de l'œuvre, où tout semble fait à l'emporte-pièce, par des procédés mécaniques, avec une précision inexorable et presque inconsciente. — Je revois à Londres, avec plus de plaisir encore peut-être, la gaîne, la table et le coffret exposés aussi à Paris, en 1867, par MM. Allard fils et Chopin. La gaîne, en ébène incrustée d'ivoire, est flanquée de deux cariatides. La table et le coffret sont en bois tendre, et il est difficile de trouver quelque chose de plus fin comme sculpture et de plus heureux comme invention. Les deux cariatides qui soutiennent la table sont loin d'être irréprochables ; mais les guirlandes de fleurs qui tombent de chaque côté du médaillon central sont d'une légèreté charmante, et les deux enfants qui se jouent autour d'une cassolette posée au-dessous du meuble sont les dignes compagnons de ces girandoles fleuries. La cassette surtout, avec ses fins reliefs, est presque un chef-d'œuvre. Ce ne sont là encore que des pastiches du xviiie siècle, mais traités avec infiniment de goût et d'intelligence personnels par celui qui les a faits... Quand on prend des modèles, il faut savoir choisir. Il faut mesurer ses moyens avant de viser un but. Plus l'époque est près de nous, plus il est facile de nous en approcher. Plus les modèles aussi appartiennent aux grandes effluves de l'art, plus il est difficile, pour nous qui ne sommes que des érudits doublés d'indifférence et d'incrédulité, d'entrer, sans nous y noyer, dans de pareils courants. En plein xixe siècle, M. Fourdinois a tenté une œuvre de grande renaissance, et, tout en faisant les plus louables efforts, il n'a pu l'impossible. M. Allard a placé plus modestement son idéal à la fin du xviiie siècle, et il a créé quelque chose qui, sans être précisément vivant de la vie des contemporains de Louis XVI, en reproduit cependant les qualités aimables et superficielles. — M. Degas, avec ses fauteuils Louis XIV et Louis XVI, mérite aussi d'être nommé. — M. Mellier a exposé un grand bureau (Louis XVI), en bois de rose, beaucoup trop chargé de bronzes. — M. Charles Houry nous montre un meuble de l'époque de Henri II, avec plaques de faïence, qui laisse encore à désirer... Je veux signaler aussi les dessins de meubles de M. Bosquier, de M. Fauré, de M. Henry Saulier, et surtout les très-bonnes publications de M. A. Morel. Tous les arts d'ornementation, l'ameublement en particulier, sont intéressés au plus haut point à de pareilles entreprises.

Si nous cherchons des meubles chez les autres nations, nous en trouverons en plus grand nombre que dans notre exposition ; mais si nous les regardons, ce sera, en général, pour ne pas voir en eux des modèles. Ce n'est pas la richesse qui leur fait défaut, et, s'ils pèchent, ce n'est point assurément par sobriété. A quoi bon prodiguer, sur un meuble, l'ébène, l'ivoire, le lapis, le cuivre, l'or, etc., si l'on ne sait marier entre elles avec discrétion et avec harmonie ces matières rares et précieuses? Quand on veut reproduire les meubles des siècles passés, il importe de se pénétrer d'abord du sentiment de ces époques; autrement, on n'a que des pastiches qui n'appartiennent à aucun temps. On aura beau accumuler sculptures sur sculptures, on ne rappellera la Renaissance qu'à condition d'en restituer quelques-unes des qualités exquises. De même, il ne suffit pas de charger d'incrustations de cuivre des meubles noirs, pour rendre la somptueuse beauté des meubles de Boule. Ce qui manque presque partout, c'est la proportion, c'est la mesure. Nous n'avons pas encore nous-mêmes touché le but, tant s'en faut. L'Angleterre en est plus loin encore. J'appellerai en particulier l'attention sur les meubles de MM. F.-F. Baumgartner, de MM. Snyers et Rang, de MM. Jackson et Graham, de MM. Collinson et Locker, de M. Gillow, de M. Mignienne, de M. Trolopp. Je mentionnerai surtout avec éloge la grande table ronde en marqueterie que le duc de Northumberland a achetée de M. Charles Blake[1]. — En dehors de l'Angleterre, je citerai de M. Auguste Klein, de Vienne (Autriche), un coffret recouvert en maroquin du Levant avec de très-remarquables mosaïques. C'est assurément un des beaux ouvrages que l'on puisse voir en ce genre, mais qui relève plus peut-être du relieur que du fabricant de meubles. — La Belgique, avec le dressoir et le lit de M. Briots, apporte son contingent à l'art de l'ameublement. — L'Italie arrive aussi avec ses tables de mosaïque. Malheureusement, ce qui était art autrefois n'est plus aujourd'hui que marchandise, et les montures sculptées de ces tables sont aussi molles et effacées que les incrustations elles-mêmes sont indifférentes et banales... Donc, sous le rapport de l'ameublement, nous sommes, malgré notre quasi-abstention, de beaucoup les premiers. Il n'en faut pas moins redoubler de travail, car nous avons beaucoup à réformer, beaucoup à gagner encore.

1. Cette table porte le n° 3,070 a.

TAPISSERIES.

CACHEMIRES, SOIERIES, DENTELLES, BRODERIES, ETC.

Parmi les fabrications qui tiennent le plus à l'art et qui en subissent avec le plus de fidélité les vicissitudes, il faudrait placer en première ligne la fabrication des tapisseries. Les cartons du Kensington Museum et de Hampton Court montrent le cas que faisaient les plus grands maîtres, aux plus grandes époques, de ce moyen de reproduction de leurs œuvres. J'aurais donc placé les tapisseries en tête de ce travail, si cette belle industrie n'était pour nous comme découronnée à Londres cette année. Là, comme dans toutes les directions de l'intelligence et du goût, la France du xviie siècle avait pesé d'une manière décisive. Après les chefs-d'œuvre incomparables de la Renaissance reproduits par les tapisseries flamandes, la France, sous Henri IV d'abord, sous Louis XIV ensuite, avait imposé partout sa manière de voir. La Savonnerie, créée au Louvre, en 1604, et transférée à Chaillot en 1631, avait inauguré l'ère de prospérité des tapisseries françaises. Les manufactures royales fondées par Louis XIV, à Paris, en 1667, sur l'emplacement de la fabrique du fameux teinturier Gilles Gobelin, avaient porté bientôt à son apogée la renommée de ces précieux produits. Le xviiie siècle les avait marqués à l'empreinte de son élégance et de sa frivolité. Notre xixe siècle enfin, tout en se laissant aller, là comme ailleurs, à d'étranges aberrations, n'en avait pas moins maintenu la suprématie de notre manufacture. Or, voilà que, au moment où s'ouvrait à Londres l'Exposition internationale, des barbares incendiaient, à Paris, notre établissement plus de deux fois séculaire, et que les chefs-d'œuvre qui faisaient notre parure s'en allaient en fumée avec tant d'autres de nos gloires nationales. Rien donc des Gobelins à l'Exposition de 1871. A la vérité, je suis loin de regarder comme des modèles tout ce que notre manufacture nous montre depuis des années. J'aurais eu bien des réserves à faire relativement à ces produits, bien des conclusions à prendre contre leurs tendances... Je l'ai déjà dit à propos des bronzes d'art, je le répète pour les tapisseries, je le redirai encore en parlant de la céramique, quand on s'occupe d'ornementation, c'est vers l'Orient qu'il faut regarder d'abord. La Turquie, l'Asie Mineure, la Perse particulièrement, nous fournissent, en fait de tapisseries, les plus beaux modèles. Nulle part on n'a su, comme dans cette partie de la terre, où l'œil et l'imagination sont comme saturés de soleil, fabriquer ces trames ingénieuses, dans lesquelles souvent l'éclat métallique de l'or et de l'argent se mêle aux tons veloutés, sonores sans tapage, harmonieux surtout, des plus riches teintures de la laine et de la soie. Charmer le regard, conduire l'esprit, par l'intermédiaire de visions enchantées, dans le pays des songes, voilà ce que cherchent les Orientaux et voilà ce qu'ils trouvent dans leurs tapisseries. La couleur en fait l'agrément principal. L'ornementation y est empruntée à la nature, mais au moyen d'une interprétation qui fait une très-large part à la fantaisie. Les arabesques, les méandres, les entrelacs sont savants, jamais pédants. La géométrie joue un grand rôle dans l'agencement des lignes; mais, sur ces combinaisons, les tons les plus riches répandent à profusion leurs chauds rayons de lumière. Déjà les Orientaux fabriquaient les plus beaux tapis alors que l'Europe occidentale ne connaissait pas, même de nom, la tapisserie. Nos premiers modèles nous sont donc venus de l'Orient. Malheureusement nous les avons délaissés. Oubliant les conditions premières d'une technologie ornementale par excellence, nous avons fait des tableaux de nos tapisseries. Il est vrai que les plus grands peintres, toutes proportions gardées entre les hommes et entre les époques (Mantegna à la fin du xve siècle, Raphaël au commencement du xvie, Rubens dans la première partie du xviie, Boucher au xviiie), ont prodigué leur génie, et, à défaut de génie, leur talent à peindre des cartons de tapisseries. Mais ces compositions étaient conçues exprès pour les manufactures de la Flandre ou des Gobelins. En vue de cette destination spéciale, les maîtres avaient fait leurs réserves : ils avaient procédé le plus possible par teintes plates; les couleurs étaient simples plutôt que composées. Les cartons eux-mêmes ressemblent presque à de la tapisserie; et il est certain que des tapisseries faites d'après eux ne ressembleront jamais à des tableaux. Voilà l'essentiel. Il ne faut jamais confondre les genres; il faut laisser à chaque chose sa physionomie propre. Une tapisserie qui ne paraît plus être une tapisserie est un produit bâtard, qui n'a pas de nom dans la langue des arts. En procédant ainsi, on fait du même coup deux mauvaises choses : une mauvaise tapisserie et un mauvais tableau. Et ce sont pourtant à ces trompe-l'œil puérils que notre manufacture d'État semble avoir donné presque tous ses soins depuis trois quarts de siècle... J'espère que les Gobelins, sous l'habile direction de M. Darcel, et avec le concours des artistes éminents qui s'intéressent à la manufacture, vont renaître de leurs cendres et reprendre leur rang.

L'industrie privée est représentée en première ligne, à Londres, par le grand tapis de M. Braquenié. Un mascaron jaune, simulant l'or, au centre ; des rosaces concentriques bleues et blanches, avec six médaillons en camaïeu bleu sur la partie blanche ; des bustes de femmes, qui émergent de feuillages et portent des corbeilles remplies de fleurs ; de grandes réserves roses aux quatre angles, avec des trophées au carquois en camaïeu ; le tout encadré d'acanthes jaunes sur fond rose, avec deux grandes cornes d'abondance, d'où débordent les fleurs et les fruits ;... telle est l'ornementation de ce tapis, qui dénote un grand effort et produit d'heureux effets. Cela ressemble au moins à un tapis. M. Braquenié, qui est maître dans son art, sait que là est le point essentiel. C'est ce qu'il nous montre très-bien dans un panneau représentant une *Offrande à Cérès*, scène mythologique conçue et exécutée dans le goût du xviiie siècle, parfaitement appropriée à la tapisserie, et traitée, au point de vue technologique, avec beaucoup de talent. On voit, dès le premier coup d'œil, que l'on a affaire à un tissu de laine ; il n'y a pas d'hésitation possible ; il faut en savoir gré à M. Braquenié. D'autres auraient mis tous leurs soins à nous faire croire à un vrai tableau, et auraient vu dans notre hésitation le gage d'un plein succès. M. Braquenié a moins bien réussi dans les deux tableaux de la *Naissance de Vénus* et de l'*Hiver*. Cette fois il a copié trop littéralement ses modèles. Il a procédé avec sa palette de laine comme on procède avec la palette du peintre ; il a accumulé tons sur tons et demi-teintes sur demi-teintes, et il a simulé presque à s'y méprendre des tableaux, qui coûtent ici leur pesant d'or, parce qu'ils sont servilement copiés en tapisserie. En fait de tapisseries, les progrès de la science, s'ils ont utilement servi la technologie, ont fait à l'art un tort considérable. L'illustre inventeur de la *Chimie des corps gras* a plutôt entravé qu'avancé nos manufactures par ses savantes recherches sur les couleurs. En composant ces claviers chromatiques, où les tons se comptent, non plus par demi, mais par des différentielles pour ainsi dire infinitésimales, il a mis la tapisserie en état de rivaliser, non-seulement avec la peinture à fresque ou avec la peinture en détrempe, ce qui ne serait que demi-mal, mais avec la peinture à l'huile, ce qui est détestable. — M. Duplan est un de nos exposants les plus actifs, les plus ingénieux, un de ceux qui cherchent, et dont l'esprit est ouvert à tous les progrès. Néanmoins sa tapisserie du *Chien mangé par les loups* est encore exécutée d'après le système déplorable contre lequel nous ne cesserons de protester. C'est trop un tableau pour être une bonne tapisserie. J'aime moins encore le *Cerf au milieu des bois*, où les tons sont criards et discordants. M. Duplan, cependant, en nous montrant une ancienne tapisserie, exécutée d'après un carton de Boucher, nous présente un type dont il comprend la valeur. Il nous donne, en outre, l'occasion d'apprécier son goût personnel dans les beaux panneaux d'arabesques, par lesquels il se rattache aux meilleures traditions. — M. Élysée Ollivier devrait, lui aussi, rattacher à de vrais modèles son importante fabrication. — M. Pitrat, qui rend, en Angleterre, de réels services à notre industrie, tire de la manufacture d'Amiens des panneaux de fleurs que je ne cite que pour mémoire. — Je ne voudrais pas omettre non plus les dessins de tapisserie exposés par MM. Eugène Adan, Bosquier, E. Guichard et Léon Parvillé.

J'ai indiqué les prétentions qu'affichent la plupart de nos grandes tapisseries. J'ai invité les industriels à se souvenir de la véritable fonction des objets qu'ils fabriquent. Je les ai conviés à revenir aux saines traditions, à remonter aux sources et à se tourner vers l'Orient, tout en restant Français. Si j'ai regretté de ne pas trouver les Gobelins à la tête de nos principales manufactures, je dois signaler, comme également regrettable, l'absence de Beauvais. La manufacture de Beauvais, fondée aussi par Louis XIV, en 1664 (trois ans avant celle des Gobelins), s'est tenue toujours dans des conditions plus humbles, mais plus vraies, plus pratiques, mieux appropriées aux raisons d'être de la tapisserie. Elle n'est guère sortie du domaine de l'ornementation, et, pour n'avoir point élevé trop haut son ambition, elle s'est rarement égarée. Dans cette voie, elle n'a cessé, depuis plus de deux siècles, de fournir de bons modèles à l'industrie privée. Des fables, traitées avec finesse, d'élégantes arabesques, des bouquets et des guirlandes de fleurs, composés et coloriés dans l'esprit de la tapisserie, des oiseaux aux riches couleurs, tels sont les principaux motifs dont elle a enrichi les mobiliers de nos palais. Voilà, dans leur genre, de vraies œuvres d'art, bien conçues, admirablement exécutées, et qui s'adaptent avec une convenance parfaite à leur destination spéciale. La plupart de nos fabricants, en suivant cet exemple, fournissent à nos habitations particulières un luxe de bon aloi. Je regrette de ne pas voir, à l'Exposition internationale de 1871, plus de ces belles tentures de meubles composées dans le goût des deux derniers siècles... En somme, notre exposition de tapisseries laisse beaucoup à désirer cette année. La faute en est aux événements, sans doute; mais elle en est à nous aussi. En temps de prospérité nous aurions montré davantage assurément. Aurions-nous montré beaucoup mieux? J'en doute.

Plusieurs de nos exposants ont joint à leurs tapis français des tapis turcs et persans. Ces tapis, fabriqués en Orient, sur commande et en vue de nos convenances, se ressentent en général de notre prédilection pour la symétrie, que nous confondons trop volontiers avec l'harmonie, et que, trop souvent aussi, nous lui substituons. Ces tapis orientaux n'ont rien qui aspire, non-seulement au grand art, mais même à l'art le plus humble. Ils sont faits tout bonnement pour être de vrais et de bons tapis, confortables par-dessus tout, et, dans leur simplicité d'ornementation, ils trouvent moyen d'être décoratifs au plus haut point. Le dessin en est généralement pauvre et banal ; quelques fleurs très-conventionnelles et quelques rosaces grossièrement tracées en font tous les frais ; mais la couleur en est toujours ingénieuse, et va souvent jusqu'à l'enchantement. Peu de nuances diverses ; mais des couleurs franches, simples et sans ambiguïté. Les rouges, les verts, les bleus, les jaunes, accordent leurs tons les plus francs avec une audace triomphante. Il faut remarquer que ces couleurs ne tirent leur éclat que de combinaisons dues à la plus sagace observation de la nature. Quand, dans la nature, un objet nous attire par la mystérieuse intensité de ses tons et par je ne sais quoi de vivant qui semble se mouvoir dans la couleur, jamais cette attraction n'est le résultat d'une coloration simple et uniformément répandue sur toutes les parties. Toujours la perception, que l'on croit une et partout semblable à elle-même, est la somme d'une infinité de perceptions partielles qui s'absorbent et se résument dans une même résultante. Regardez attentivement une forêt ou un pré dont le vert nous enchante, un lac dont le bleu vous ravit, vous verrez que mille nuances diverses de vert et de bleu s'unissent et se fondent en des modulations infinies, pour vous faire croire à une identité qui n'est qu'un accord intégral et parfait. Il en est de même dans les tapis orientaux. Considérez de près ces larges surfaces vertes, bleues, rouges, dont l'éclat nous étonne et dont la sonorité nous séduit, vous observerez que mille nuances différentes de vert, de bleu, de rouge composent ces teintes, qui tirent leur relief de leur diversité même. Voilà des exemples, voilà des modèles, que notre commerce a la bonne pensée de s'approprier, et sur lesquels notre industrie ne saurait trop fixer ses méditations. Non que je voudrais voir notre fabrication s'annihiler dans une imitation plate et servile. Chacun doit rester soi-même, sauvegarder sa manière de voir et son sentiment personnel. Les arts d'ornementation font partie de notre vie, de nos mœurs, des habitudes de notre esprit aussi bien que de nos convenances et de nos délicatesses. Nous ne pensons pas plus comme les Orientaux que nous ne vivons comme eux, et ce qui leur convient ne saurait nous plaire au même degré. Je souhaiterais seulement qu'on s'inspirât d'eux sans les copier, que notre science moderne ne dédaignât pas leurs vieilles technologies, qu'elle leur empruntât la manière de trouver l'unité d'impression dans la variété presque infinie des tons, qu'elle leur demandât surtout comment un rayon de lumière, en s'accrochant dans de certaines conditions aux molécules colorantes, donne à la couleur le relief, l'éclat, l'harmonie, la chaleur et la vie.

Si quelques-uns de nos compatriotes ont mis sous leurs noms des produits orientaux, les Anglais en ont usé de même et dans de bien plus larges proportions. Dans leur longue exposition de tapis (les tapis garnissent toute la paroi verticale de la galerie consacrée à la céramique), ce sont les tapis turcs et persans qui méritent la plus sérieuse attention. Je m'en tiens à la question d'art, cela va sans dire, car, industriellement parlant, il faut compter grandement avec les fabriques qui satisfont à de si bas prix l'énorme consommation du Royaume-Uni. Il importe de remarquer spécialement, comme des produits estimables au point de vue de la décoration, les moquettes de MM. J. Crosley et Sons, J. Brinton, James Templeton, Woodward Grovenor, etc. Quant à MM. Watson-Bontor, Lapworth Brot[s], Gregory, H.-R. Willis, etc., c'est par les tapis de Smyrne et de Madras, etc., que leurs expositions sont surtout remarquables[1].

Il convient de citer, à côté des tapis, les cachemires des Indes et les châles brodés orientaux qu'ont exposés MM. Verdé-Delisle et Dalsème, pour la France, et ceux qui remplissent une vitrine placée au milieu de l'exposition de peinture anglaise. Ce sont des notes étincelantes et d'une riche harmonie jetées au milieu du concert, souvent confus, discordant même quelquefois, de tous les produits de l'invention et du génie humains, qui se mêlent, se confondent et se heurtent souvent dans ce vaste bazar.

Les étoffes somptueuses, où les plus précieuses matières sont accumulées en vue de l'ornementation, doivent également être mentionnées. Tels sont, en première ligne, les vêtements sacerdotaux envoyés par MM. Tassinari et Chatel, de Lyon; la chasuble dont la trame d'or est enrichie par des applications de fleurs de velours; les évangélistes brodés sur bandes destinées à une étole; l'agneau pascal, brodé d'or et d'argent sur un fond de soie rouge, enrichi lui-même d'arabesques brodées d'or; de très-belles étoffes de soie brochée; des fleurs rouges et or, accompagnées de feuillages d'un vert pâle et or, sur fond noir. Tout cela est d'un très-remarquable effet, et est digne, à tous égards, d'être encouragé. — Les soieries de M. Duplan sont aussi d'une rare beauté. — Les broderies religieuses de MM. Biais fils et Rondelet (une figure de Christ et une tête d'ange) méritent d'être spécialement recommandées. — N'omettons pas non plus les applications à la main de M. Achille Bleuze, et les broderies

---

[1]. MM. Schütz et Juel, de Saxe, ont exposé aussi un curieux tapis turc sur fond noir.

sur étoffes de Mme Villot... Mais là encore, les broderies orientales d'or et d'argent sur fonds de velours, de satin, de cachemire, les tissus d'or et de soie envoyés par les Indes, ainsi que les soieries chinoises exposées par M. Dalsème, sont incomparables au point de vue de l'éclat, de la lumière, de l'harmonie, de l'entente et du goût décoratifs.

Il est un autre ordre de produits qu'il importe aussi de mentionner, ce sont les dentelles et les broderies. Elles appartiennent à ces industries qui ne relèvent que du goût, et dans lesquelles nous avons été, nous sommes et continuerons d'être, il faut l'espérer, des maîtres. — La robe en point d'Alençon exposée par M. A. Pagny est une merveille dans son genre. Le dessin en est bon, et, quoique très-chargé, il paraît léger. De grandes palmes donnent à la base une indispensable solidité. Mille points variés mettent en relief, ici des feuillages, là des fleurs, ailleurs des palmes et des rinceaux ; une végétation luxuriante sort de vases élégants et va se ramifiant de bas en haut, gagnant en délicatesse et en légèreté à mesure qu'elle s'élève davantage, de manière à dégager presque complétement la ceinture. La femme parée de cette dentelle semblera surgir d'une création aérienne[1]. — M. Verdé-Delisle nous montre des volants non moins beaux, également en point d'Alençon. Des roses, des clématites, des églantines, des clochettes et des fleurs des champs, courent en se jouant à travers le réseau presque invisible, et s'arrangent en guirlandes qui se rattachent entre elles par des nœuds formés à ravir. Sur d'autres volants, des boules de neige, des tulipes et des renoncules s'élancent en gerbes, et composent comme un bouquet magique, auquel l'œil se laisse prendre sans presque pouvoir s'en détacher... Je ne parle que pour mémoire des dentelles de soie noire... Quant aux broderies, je me contente de rappeler la robe et le mouchoir qu'a exposés M. Lecomte-Maillard[2]. On se demande avec quels yeux, avec quels fils, avec quelles mains, de pareils ouvrages se peuvent faire... Parmi les dentelles rangées dans les galeries étrangères, je signalerai surtout les ombrelles en point, avec fleurs en relief, de M. Ed. Hoorickx (Belgique)... Ce ne sont là, d'ailleurs, que de simples indications. Beaucoup de fabriques font défaut dans cette première épreuve : Malines, Valenciennes, Chantilly, Bayeux, Bruxelles, etc., n'ont point fourni leur contingent. Elles nous dédommageront bientôt, nous n'en doutons pas.

1. M. A. Pagny a également exposé de très-belles dentelles noires.
2. M. Lachez-Bleuze a aussi envoyé des broderies d'un goût remarquable.

CÉRAMIQUE.

Parmi les industries qui ont des relations directes et intimes avec les arts, la céramique tient une place considérable. Elle en occupe une beaucoup plus importante encore au point de vue de cette étude, puisque, pour cette première année, elle figure en première ligne dans l'Exposition internationale de Londres et que c'est elle qui en fait principalement les frais. En abordant cet ordre de produits dans cette revue sommaire, le danger serait de nous y trop attarder. Il nous faudra résister à la tentation d'exposer le moindre des développements que comportent les nombreuses considérations se rapportant à toutes les branches de cette industrie. Je n'oublierai pas, d'ailleurs, que toutes les questions industrielles me sont interdites par le programme même qu'il me faut remplir. Les applications de l'art à l'industrie étant le seul intérêt qu'il me faille servir en ce moment, je tâcherai de me dégager de toute autre préoccupation. Je laisserai donc de côté toutes les questions de science, d'histoire, d'archéologie, etc., et j'examinerai simplement ce que valent, relativement à l'art, les produits exposés. Nos céramistes, surpris, mais non découragés par les malheurs qui nous ont accablés du mois de juillet 1870 au mois de mai 1871, ont répondu avec courage, mais sans préparation aucune, aux louables excitations de nos commissaires généraux. Les produits céramiques français n'ont donc pas, cette année, le caractère d'apprêt et de solennité qu'ils auraient eu s'ils avaient été faits en vue d'un grand concours comme celui-ci; ils se présentent pêle-mêle, sans ordre, tels qu'on a pu les recueillir à la hâte au milieu de nos ruines. Eh bien! dans ce désarroi général, je trouve une consolation. Je revois encore la France avec ses qualités sérieuses et aimables. Les produits sortis du sein de sa ruine conservent leur saveur, leur accord particulier, et, à certains égards, leur incontestable supériorité. Là, cependant, plus que partout ailleurs, les efforts de nos concurrents ont été considérables, et couronnés de succès qui nous doivent inspirer de sérieuses réflexions. Tout n'est pas perdu pour nous, tant s'en faut. Je le prouve en nommant M. Deck en tête de nos exposants.

M. Deck a poursuivi, avec une science pleine de désintéressement, la découverte d'une faïence qui satisfît à toutes les exigences de l'art, comme à toutes les fantaisies de la décoration. M. Deck, après avoir longtemps cherché, a trouvé. Il est arrivé à des résultats qui font de ses faïences les plus belles assurément de toutes celles qui se fabriquent aujourd'hui, non-seulement en France, mais en Angleterre même, et par conséquent dans le monde entier, car c'est de l'Angleterre seule que nos céramistes ont à redouter une concurrence sérieuse. Dans ses recherches, M. Deck a fort judicieusement tourné ses regards vers l'Orient. Les anciennes faïences persanes sont, en effet, les plus remarquables parmi celles que les arts décoratifs aient mises en œuvre. Dans ces faïences, pâtes, glaçure, décoration, tout concourt aux effets les plus variés, les plus riches, les plus inattendus, les plus harmonieux. C'est en s'appropriant la technologie, le goût, l'esprit de telles faïences, que M. Deck est arrivé aux excellents résultats qu'il nous offre aujourd'hui. M. Deck apporte le plus grand soin au choix de l'argile, à ses qualités plastiques, à la finesse du sable, à la pureté de la chaux. Ses pâtes sont légères et bien homogènes. Il attache la plus sérieuse importance à la transparence des glaçures et à la translucidité des vernis. Ses émaux sont généralement alcalins, et il arrive à des vitrifications d'une limpidité surprenante. Les fonds d'azur qu'il emploie souvent semblent profonds comme l'air ambiant, et, dans cette belle atmosphère, les fleurs, les oiseaux, les arabesques, les feuillages, ont l'éclat et la solidité des gemmes les plus rares, tout en conservant la légèreté et la grâce de fantaisies véritablement aériennes. Parmi les artistes que M. Deck associe journellement à ses travaux, il faut citer surtout : Mme Éléonore Escallier, MM. Ancker, Ranvier, Gluck, Schubert, Émile Benner, Legrun, etc. Bien que les faïences exposées cette année par M. Deck nous soient déjà connues, nous nous y arrêtons avec bonheur, parce que nous y trouvons résumés tous les progrès que comporte la science, aussi bien que l'art céramique. Les céladons ont la richesse et l'éclat des céladons chinois. Une seule chose laisse encore à désirer, le craquelage à mailles serrées que les anciens faïenciers du Céleste Empire savaient donner à leurs émaux, et que les fabriques modernes de la Chine ne peuvent plus reproduire. M. Deck, qui a tant trouvé déjà, nous donnera cela encore, et il apprendra aux Chinois eux-mêmes comment il faut faire. — Ses grands plats persans sont des interprétations plutôt que des imitations. Ce sont des produits qui, tout en rappelant l'Orient avec intelligence et fidélité, restent français et conservent leur originalité. — J'en dirai autant de la grande vasque qui a déjà figuré avec honneur à l'Exposition de 1867. Les dimensions de cette pièce sont exceptionnelles. Les palmes dont elle est ornée (vertes et rouges, bleu foncé et bleu-turquoise) sont du plus bel effet décoratif. — Les plaques émaillées, hautes de 1 mètre et larges de 0^m,45, sont des revêtements du plus riche effet, dont l'architecture ornementale devra certainement tirer parti : sur des fonds tour à tour jaune-paille, bleu clair et gros bleu, des oiseaux voltigent au milieu des roseaux et des fleurs. M. Deck, dans ces sortes de faïences, est le maître de ceux qui savent. Nous trouverons en Angleterre des produits similaires, nous n'en trouverons pas qui réunissent au même degré des qualités aussi rares. — A côté de ces pièces admirables, où domine la préoccupation des technologies étrangères, je trouve, dans l'exposition de M. Deck, d'autres faïences qui ne relèvent que d'elles-mêmes et de l'inspiration personnelle. Je signalerai surtout deux grands plats circulaires, où des oiseaux se jouent avec bonheur au milieu de clématites et de branches chargées de fruits. Sur un autre plat extrêmement remarquable, deux tourterelles roses se viennent désaltérer dans le calice de fleurs d'un rose plus tendre encore. Ailleurs, deux Amours enlacés sont emportés dans les airs au milieu d'un baiser. Ces faïences sont de la plus grande beauté; l'imagination et la science s'y disputent le pas. Ce sont, à la fois, des produits céramiques de premier ordre et de vraies œuvres d'art, où la plastique joue son rôle en même temps que la peinture. Les sujets sont modelés dans la pâte, de manière à se dessiner en un faible relief, puis peints, et enfin recouverts de cet émail translucide qui donne à la masse tant de profondeur et tant de légèreté. Voilà de la belle et saine décoration; voilà de vrais produits céramiques, qui n'ont aucune prétention de rivaliser avec la peinture proprement dite, mais qui tiennent aux technologies les plus savantes en même temps qu'à l'art le mieux entendu. Mme Éléonore Escallier a fait une sorte de chef-d'œuvre dans sa composition des deux tourterelles, et M. Legrun a fait œuvre d'artiste aussi en consacrant ses deux Amours à la faïence et aux émaux de M. Deck. J'aime moins les grandes têtes peintes par M. Ranvier sur des médaillons circulaires, parce que la faïence y est trop effacée sous la peinture. J'en dirai autant de la figure d'Éthiopienne peinte par M. Hisch, et, jusqu'à un certain point aussi, des chasses de M. Gluck et des compositions de M. Ancker. Je ne considérerai jamais la faïence comme un simple panneau à l'usage du peintre. Il faut que la faïence conserve avant tout son apparence et ses qualités plastiques; si la peinture intervient, ce ne doit être qu'à titre décoratif. Quand le public demande autre chose, il a tort. Que M. Deck tienne bon dans sa manière de voir, et il ramènera à lui les plus récalcitrants. Ce que je souhaite maintenant, c'est qu'on fasse au plus tôt sortir M. Deck du cercle étroit d'une exposition ordinaire; c'est qu'on mette à sa disposition de grands espaces, et que là on le laisse libre de faire selon son gré. La cour qui précède le quartier français à l'Exposition internationale est vide encore de toute décoration [1]; que M. Deck la revête de faïences, et il démontrera

---

[1]. Dans cette cour se trouve déjà, cependant, la charmante fontaine en faïence de M. Léon Parvillée.

notre supériorité, j'en ai l'assurance, non-seulement au point de vue du goût, mais également au point de vue de la fabrication.

L'exposition de M. Rousseau, importante par le nombre, se signale en même temps par des pièces d'un vrai mérite. — Je citerai, en première ligne, un très-beau coffret formé de cinq plaques de porcelaine, sur lesquelles M. Solon Milès a modelé, dans d'élégants reliefs, des sujets empruntés à l'histoire de Pandore. Ces ingénieuses compositions, exécutées dans la pâte et recouvertes d'émail, n'ont pas, assurément, le caractère classique que commande le sujet; elles sont plutôt conçues dans le goût du xviiie siècle, et s'adaptent fort ingénieusement à une technologie qui, entre les mains de M. Rousseau, s'avance vers la perfection. En prenant l'initiative d'un œuvre de cette valeur, M. Rousseau s'est placé au niveau des fabricants les plus habiles et les plus soucieux de leur art. — Nous voyons, à côté de ce coffret, de grands vases de faïence, bons de formes et rares de tons, qui fournissent également la preuve d'une très-intelligente fabrication. — Les plaques peintes par M. Rischgitz doivent être également remarquées. — Je ne veux point omettre non plus les services de table si largement décorés d'animaux et de fleurs dont M. Braquemont semble avoir dérobé le charme à l'extrême Orient... Tous ces objets, dont les uns sont des œuvres d'art et dont les autres affectent des destinations familières, dénotent, de la part de M. Rousseau, la véritable intelligence des conditions décoratives qui s'imposent aux ouvrages de terre.

Le grand vase de M. Collinot nous est connu déjà. En le revoyant, nous avons toujours éprouvé le même effet. L'aspect général en est terne et triste. C'est une œuvre savante, mais froide, gourmée, d'un archaïsme un peu prétentieux. Les panthères qui forment les anses sont contournées d'une façon malheureuse. Je préfère les autres panthères gravées en creux et légèrement teintées sur la panse du vase. Il y a, dans tout cela, un grand effort pour un faible résultat. Il n'en faut pas moins encourager les entreprises de ce genre. Même quand elles ne sont pas couronnées d'un plein succès, elles dénotent des vues élevées et un louable désintéressement. Tout le monde connaît les émaux sur faïence de M. Collinot, ses curieuses imitations d'arabesques et de dessins persans. M. Collinot avait associé ses efforts à ceux d'un homme qui connaissait l'Orient et qui l'aimait presque à l'exclusion de tout. En perdant M. Adalbert de Beaumont, M. Collinot nous dira, dans un avenir prochain, je l'espère, qu'il a gardé pour lui toute cette science et toute cette passion. Nous le supplions de ne pas oublier que, dans ses modèles de prédilection, les couleurs, sans redouter aucune vivacité d'opposition, brillent toujours par leur richesse, par leur éclat, par leur franchise.

Au lieu de se tourner vers l'Orient, comme ont fait de préférence M. Deck, M. Rousseau, MM. Adalbert de Beaumont et Collinot, M. Jean cherche surtout à rattacher sa fabrication à l'Italie des belles époques. Un grand plat, décoré de couronnes concentriques bleues, avec une armoirie entourée d'enfants nus au centre, deux autres plats, de moins grandes dimensions (l'un avec arabesques sur fond jaune, l'autre également orné d'arabesques qui convergent vers une petite figure de femme), sont assez bien réussis et font presque illusion à distance; mais dès qu'on approche, le charme disparaît. On n'a plus devant soi que d'habiles imitations, faites en général sur de bons modèles, ingénieuses comme dessin, bien réussies comme fabrication, mais qui ne vivent pas de leur propre vie. Pourquoi attachons-nous tant de valeur aux belles faïences d'Urbino, de Faenza, de Gubbio, de Deruta, de Castel Durante, de Caffagiolo? C'est parce qu'elles appartiennent à une époque incomparable, que nous aimons avec passion et qu'aucune puissance humaine ne nous rendra jamais. Ce qui est inimitable dans ces faïences, ce n'est pas leur fabrication, c'est le sentiment qui respire en elles et qu'elles nous communiquent avec vivacité. Voilà ce que nulle imitation ne peut rendre, et pourquoi il est téméraire de tenter l'entreprise. S'inspirer des meilleures technologies est recommandable; copier des œuvres de simple ornementation est possible; mais il ne faut jamais se prendre à la figure humaine, car chaque époque, en dépit d'elle-même, la façonne à son image, et il n'est si grande fidélité apparente que l'esprit ne trahisse. Copions, si nous voulons, les faïences persanes ou hispano-mauresques; mais ne nous attaquons point à celles où respirent le style et l'âme des maîtres, nous n'y pouvons atteindre. Quoi que fassent nos plus habiles faïenciers, ils ne reproduiront jamais que la surface de leurs modèles, ils n'en pourront pénétrer l'âme et la véritable intelligence.

MM. Soupireau et Fournier, eux aussi, se sont appliqués à des reproductions de faïences italiennes, et ils nous montrent un grand plat qui est fait dans un bon parti d'imitation. Là encore, cependant, l'illusion n'est que superficielle, et les observations que nous venons d'adresser à M. Jean, nous les soumettons à tous ceux de nos habiles fabricants qui sont engagés dans la même voie. — Nous trouvons également, sous le nom de MM. Soupireau et Fournier, les ingénieuses imitations que M. Avisseau, de Tours, a faites des terres émaillées de Bernard Palissy. Je signalerai surtout un plat qui porte en son centre les armes en relief de a maison de Metternich. Voilà une pièce d'un rare mérite, et à laquelle il faut applaudir presque sans réserves. M. Avisseau est, comme son illustre modèle, un vrai *ouvrier de terre*. S'il a copié les *rustiques figulines*, c'est pour s'inspirer de leur esprit, et pour faire ensuite, en son propre nom, des œuvres presque de premier ordre au double point de vue de l'art et de la fabrication. — Sans quitter encore l'exposition de MM. Soupireau et Fournier, je veux noter aussi, comme une faïence d'un mérite exceptionnel, le grand plat de M. Ulysse, conservateur du musée de Blois. Une armoirie est au centre, entourée d'un cadre formé de modillons en relief, et tout autour circule une ronde guerrière du temps de la Ligue. — Enfin, sous le couvert de MM. Soupireau et Fournier, on voit jusqu'à un encrier en faïence de la façon de M. Carpeaux. Un petit buste de Lazzarone Napolitain, très-vivement modelé, surmonte cette écritoire. Cette figure spirituelle et vivante est ici très-bien à sa place. Toutes les prédilections de l'artiste se sont portées sur elle ; malheureusement, le reste a été négligé, et se trouve d'une exécution tout à fait insuffisante.

MM. Ristori et Signoret à Nevers, M. Gallé-Reinemer à Nancy, M. Boulanger à Choisy-le-Roi, MM. Geoffroy et Cie à Gien, se sont attachés surtout, depuis plusieurs années, à refaire les anciennes faïences du XVIIe et du XVIIIe siècle. Si ces fabricants étaient arrivés à restituer les vraies faïences de Delft, de Rouen, de Moustier, elles auraient rendu à la céramique un éminent service, car nous aurions désormais les plus belles pâtes sous les plus belles glaçures. Mais on n'a rien trouvé de semblable. Profitant d'un retour du goût public vers nos anciennes faïences, on s'est efforcé d'en reproduire la décoration par des procédés économiques, et on a été quelquefois assez habile pour favoriser (bien à contre-cœur, j'en ai l'assurance) l'improbité de certains marchands aux prises avec la crédulité de certains acheteurs. — M. Ristori a commencé, à Nevers, ce genre de fabrication, et il a laissé presque des modèles. Je n'en veux pour preuve que la charmante assiette exposée dans la galerie de peinture au premier étage. La forme extérieure affecte les meilleurs contours de l'époque Louis XV. La décoration se compose d'arabesques et de rinceaux bleus sur fond blanc, avec des palmes d'un bleu plus tendre, encadrées de moulures jaunes sur les bords. Cette assiette parut à l'Exposition universelle de Paris, en 1855, et fut achetée par le musée de Kensington. Quand l'interprétation conduit à des résultats aussi sérieusement cherchés, elle est, non-seulement permise, mais recommandée. — M. Signoret, venant après M. Ristori, s'est tenu plus terre à terre dans les voies de l'imitation, et il a poussé quelquefois la fidélité de ses copies jusqu'au trompe-l'œil. Ses faïences à décors bleu et rouille, font, pour des yeux peu exercés, une sorte d'illusion. Ses vases, d'époque Louis XV, sont intelligemment reproduits. Son grand plat de style italien, avec des figures dans le goût de Mantegna, dénote aussi de louables préoccupations. M. Signoret est évidemment un faïencier très-capable d'imprimer à son art une impulsion salutaire. — Ce que M. Signoret a fait d'une manière générale en copiant la plupart de nos anciennes faïences, M. Gallé-Reinemer (de Nancy) l'a spécialement appliqué aux faïences de Lorraine, dites du roi Stanislas. D'intéressantes armoiries sont reproduites sur ces faïences. — Je veux recommander les bonnes et belles formes des assiettes et des plats exposés par M. Boulanger. Je ne puis nommer ici cet homme honorable et courageux, sans le remercier, au nom de la France, de l'effort qu'il a fait pour paraître dignement à Londres, alors que son usine de Choisy-le-Roi, ravagée, pillée, brûlée par nos envahisseurs, fumait encore. — Quant à la fabrique de Gien, elle s'est livrée d'une façon trop servile à l'imitation du Rouen, du Moustier, du Nevers, de l'Italien, de tout enfin. Que ne fait-elle pas? Et à si bon compte! Une assiette, d'une richesse exceptionnelle comme décoration (bleu et rouille avec armoirie), qui coûterait jusqu'à cinq ou six cents francs, si elle était ancienne, peut-être ébréchée et fêlée, coûte ici vingt deux shillings six pence, et rien n'y manque! Il n'y a même aucun des défauts qui abondent dans les pièces originales; on n'aperçoit ni bouillons ni fissures dans la pâte, ni manques ni défauts dans l'émail; le dessin est bien net, bien propre, identique à lui-même dans toutes ses parties; il n'y a enfin aucune défaillance dans la coloration, nulle part la couleur ne bave dans la pâte, ne fond sous l'émail. C'est tout avantage! Quand on a pour presque rien du neuf aussi irréprochable, il ne reste plus vraiment qu'à sourire de pitié en voyant les maniaques payer les vieilleries au poids de l'or. Oui, mais, sous cette apparente perfection, il n'y a qu'une machine, souverainement froide et inintelligente dans sa rectitude; tandis que, sous les imperfections nombreuses des faïences anciennes, il y a l'homme, l'homme avec sa main souvent maladroite, mais aussi avec sa manière de voir et son sentiment, quelquefois même avec son émotion. Je suis, je l'avoue, sans rigueur pour les insensés qui cherchent à s'approprier cette humanité, ce sentiment, cette émotion. Je réserve ma pitié pour ceux qui ont des yeux pour ne rien voir et une intelligence pour ne rien sentir. Ce que nous aimons, dans les faïences françaises du xviie et du xviiie siècle, c'est l'image, vive et saisissante encore, d'un temps où notre originalité fut incontestable et incontestée, où nos arts d'ornementation furent admirables et partout recherchés. Cette image, nous ne la retrouvons pas dans les pastiches de nos fabricants. Si je cherche querelle à la plupart de ces imitations, c'est que je leur reproche de n'être point autre chose que des imitations, qui, tout en copiant servilement et mécaniquement de bons modèles, ne nous en rendent ni le relief, ni l'éclat, ni la vie.

Parmi beaucoup d'estimables peintures sur matières céramiques, j'appellerai particulièrement l'attention sur les paysages exécutés sur émail cru par M. Michel Bouquet. M. Bouquet a triomphé de la plus grande des difficultés qui se puissent rencontrer dans son art. Peindre sur une poussière d'émail, que le moindre souffle suffit à faire envoler; calculer et deviner ses effets dans cette boue à moitié liquide; retrouver, après la cuisson, l'identité de la conception primitive; que de tâtonnements! que de patience! souvent que de déboires! mais aussi que de solidité dans cette peinture, et de quel caractère particulier elle se trouve revêtue! — De M. Raymond Balze, chercheur infatigable aussi, je trouve la bénédiction pontificale à Sainte-Marie-Majeure. — Mme de Callias, qui, de simple amateur qu'elle était, est devenue artiste, a envoyé de grandes plaques de faïence émaillées, sur lesquelles on voit : Hercule terrassant l'hydre, Persée tenant la tête de Méduse, Minerve remettant la pomme à Pâris, etc. Ces peintures sont recommandables à plus d'un titre. Mme de Callias nous montre, en outre, un service de faïence décoré d'esquisses vivement peintes, dans le goût de Grandville. — Mme Rodolphe Olmade, élève de Troyon, a cherché et trouvé de son côté de terribles effets de couleurs. Ce sont des têtes furibondes de bêtes féroces qu'elle se plaît à peindre. Ces animaux, ouvrant la gueule, grinçant des dents, prêts à tout dévorer, se détachent sur des fonds d'un bleu vif et cru, entremêlés de feuillages. Panthères, hyènes, léopards, tigres, loups, singes et chats sauvages, tout cela forme une ménagerie, qui n'est certes pas sans valeur. L'effet, toutefois, est trop violent pour être vraiment décoratif. — Il me reste à nommer M. Jules Houry, dont les faïences prennent la mollesse de la porcelaine sans pouvoir en gagner les délicatesses. Chaque matière, cependant, a ses qualités propres, qu'il faut se garder d'atténuer et surtout d'effacer. Les conditions de la décoration de la faïence sont toutes différentes de celles de la décoration de la porcelaine. Faire de la miniature sur une grande échelle est une hérésie. Les faïences de M. Houry ont le tort de vouloir ressembler à de vrais tableaux. Les tons sont chargés, éteints, modelés et modulés par des transitions insensibles. Ce n'est point ainsi qu'il convient de décorer la faïence. Les chiens de M. Jadin perdent singulièrement à une telle reproduction. M. Houry a, d'ailleurs, dans son exposition, des porcelaines à côté de ses faïences, et il est difficile de distinguer les unes des autres [1].

---

[1]. Je regrette de ne pas voir, parmi nos faïences françaises, les revêtements architectoniques dus aux savantes recherches de M. Delange.

La manufacture de Sèvres, dont les produits ont été sans rivaux depuis la moitié du dernier siècle, n'a pu prendre part au concours. Elle aurait dû paraître à la tête de notre industrie, mais la guerre avait envahi son domaine; on n'avait eu le temps que de sauver bien vite à Paris son musée céramique, et tout travail avait momentanément cessé pour elle. Elle n'a donc pu rien envoyer à Londres, et elle n'est représentée dans l'Exposition internationale que par quelques produits rétrospectifs, recueillis çà et là selon la bonne volonté de leurs possesseurs. Malheureusement ces produits n'appartiennent pas à la bonne époque, et sont peu faits pour donner une haute idée de notre fabrication nationale. Au point de vue décoratif, la porcelaine n'a pas les ressources monumentales de la faïence, mais elle a des qualités de délicatesse et d'intimité que la faïence ne possède pas. L'essentiel, c'est de ne pas faire confusion entre ces deux matières, de laisser à chacune d'elles son caractère propre et son genre d'agrément. Voilà ce qu'on n'a pas toujours fait, ce qu'on a surtout négligé dans notre manufacture, depuis trois quarts de siècle... La porcelaine chinoise, introduite par les Portugais en Europe au commencement du XVIe siècle, ne fut, pendant plus de deux cents ans, qu'un objet de grand luxe et presque de curiosité. La faïence servait alors et devait satisfaire à tous les usages de la vie. Quand Bötger, en 1709, après avoir trouvé la matière et les procédés de fabrication de la porcelaine dure, eut fondé la manufacture de Meissen; quand, quelques années plus tard, en 1727, les sieurs Chicoineau eurent établi à Saint-Cloud les rudiments d'une fabrication de porcelaine tendre, qui alla de progrès en progrès, en passant successivement par Vincennes, en 1740, par Sceaux, en 1751, pour s'établir définitivement à Sèvres, en 1756, la Saxe, la France et bientôt toute l'Europe, qui avaient regardé depuis si longtemps avec convoitise les porcelaines chinoises, eurent le bon esprit de garder pour elles leur trouvaille et de façonner leurs porcelaines à leur image. Or, en ce temps-là, le goût européen était partout le goût français. La France, en possession d'une pâte délicate et tendre, comprit que, avec une telle matière, il convenait de produire des objets qui se fissent aimer par leurs qualités exquises et un peu précieuses, et les porcelaines qui sortirent de Vincennes et de Sèvres, de 1740 à 1789, furent comme un accompagnement naturel, presque comme une note obligée, dans le concert de toutes les élégances mondaines de la société la plus raffinée qui fut jamais. Voilà la tradition; je la rappelle, parce que, à Sèvres même, elle a été presque oubliée. Les secrets de la porcelaine tendre sont restés dans les cendres de la vieille société française. Au commencement de notre siècle, la porcelaine dure, dont les premiers essais à Sèvres remontent à 1770, fut considérée comme la seule et vraie porcelaine, et il ne fut plus désormais question de pâte tendre. En même temps qu'on reniait la matière de ce que j'appellerai notre porcelaine nationale, on s'éloignait de plus en plus des traditions qui l'avaient mise en œuvre. Aux formes françaises, charmantes et mignonnes, qui nous avaient appartenu, on substitua je ne sais quel archaïsme bâtard, qui, sous prétexte de style, fut la négation de tous les styles. La décoration, légère et parfaitement adaptée à la nature comme aux nécessités de la pâte, devint banale et sans caractère. Les porcelaines furent les plus ingrats des panneaux sur lesquels on exécuta les plus froides des peintures. D'habiles artistes y épuisèrent leur talent, qui eût trouvé un si utile emploi dans une bonne direction. Ne pouvant plus faire beau, on voulut faire grand ; mais les dimensions seules furent grandes, et le résultat fut mesquin. Ce qu'on n'aurait dû tenter qu'avec de la faïence, on l'essaya alors avec de la porcelaine ; le diamant se fit pierre, et l'on prétendit construire avec lui. C'est ainsi que nous voyons, à l'Exposition internationale de 1871, de grands vases de Sèvres qui datent, je crois, de la Restauration, et sur lesquels sont peints deux paysages d'après M. Édouard Bertin. Or, ces belles conceptions, auxquelles la pierre noire convenait mieux que la couleur, peintes avec minutie sur des surfaces sèches et tournantes, semblent ennuyeuses à l'excès. C'est presque une œuvre contemporaine, et elle paraît comme chargée de rides ; elle a vieilli, en effet ; vieilli, non pas des quelques années qui nous en séparent, vieilli, non pas par l'inconstance de notre goût ; elle a vieilli, comme tout ce qui est faux, pour ne rajeunir jamais. Bien que beaucoup plus près de nous, la grande coupe, dite coupe de Pise, ornée de bas-reliefs mythologiques émaillés de blanc sur fond vert, mériterait presque, dans son genre, la même critique. Cette pièce importante, qui parut à l'Exposition de 1855, est froide et compassée. M. Regnier y a mis cependant tout son talent, tous ses soins ; mais, en dépit des efforts de l'artiste, la matière est restée elle-même et rebelle aux prétentions du grand art... Sous l'habile direction qui va relever notre établissement national, nous verrons renaître, j'en ai l'espoir, les bonnes formes, les bonnes décorations, en un mot toutes les bonnes traditions de la porcelaine française [1].

1. Il convient de rappeler les émaux métalliques de M. J. Brianchon. Ces émaux, qui simulent les tons nacrés des coquillages à perles, s'appliquent également, nous dit-on, sur la porcelaine, sur la verrerie, sur la faïence. — M. L. Ernie a exposé quelques porcelaines peintes. — N'omettons pas non plus certaines peintures sur porcelaine : la *Source* et l'*Angélique*, peintes, d'après M. Ingres, par Mme Delphine de Cool ; des fleurs, par Mme Mélanie de Comoléra et par Mme Amélie Langlois ; deux portraits,

Citons, à propos de la peinture sur émail, quelques œuvres et quelques artistes : les portraits, émaillés sur lave, de la reine Victoria et du prince Albert, par M. Jollivet; un portrait d'après Larguillère, et une jeune fille jouant avec l'Amour, par Mlle Blanche Yverneaux; une Andromède et une Sapho, par M. Eugène Richet; dix-sept petits émaux dans un même cadre, par Mlle Sophie Bourgeois; le *Portement de croix*, d'après Paul Véronèse, par M. François Gillet, etc.

Les verres émaillés de M. Brocard méritent aussi, dès cette première épreuve, une mention spéciale. Ce sont des imitations orientales fort remarquables, bien que différant encore notablement des pièces originales. La coupe décorée de feuillages verts et de fleurs blanches, bleues et rouges sur fond d'or, est charmante dans tous ses détails, et produit un délicieux effet d'ensemble. Deux autres coupes, ornées de méandres bleus, brodés d'or, sont d'un très-bon goût. Un vase à long col, sur lequel des oiseaux d'or sont jetés dans des médaillons bleus entourés d'arabesques rouges, bleues et or, attire par son harmonie en même temps que par sa richesse. Des lampes arabes sont séduisantes par leurs formes aussi bien que par l'heureux effet de leurs couleurs. Si ces émaux pèchent par quelque chose, c'est par l'excès de leur perfection matérielle, par la sûreté et par la froideur aussi de leur exécution. On voit trop l'instrument de précision qui les a façonnés, on ne sent pas assez la main de l'artiste ou de l'artisan toute frémissante d'émotion en présence de son œuvre... Je me répète, mais c'est l'éternel reproche à faire aux imitations... Les émaux sur verre de M. Brocard n'en demeurent pas moins des interprétations pleines de savoir, de bon goût et d'intelligence. C'est sous cette bonne impression que nous quitterons la céramique française pour considérer les céramiques étrangères et surtout la céramique anglaise.

La céramique de la France exceptée, toutes les céramiques étrangères sont réunies dans une longue galerie où elles produisent le plus brillant effet. Il est vrai que, sous le couvert de toutes les nations, ce n'est guère que la Grande-Bretagne qui remplit à elle seule cet immense espace. N'oublions pas que cette exposition a été conçue et conduite par l'Angleterre en vue d'elle-même. Cela est trop apparent. Si la France n'avait réclamé et obtenu son autonomie, ses produits seraient, eux aussi, noyés dans l'océan des produits anglais. Tous les céramistes du Royaume-

---

par Mlle Blanche Langlois; l'*Amour captif*, par M. Achille Le Gost; divers sujets d'après Boucher et Chaplin, par Mme d'Ollendon.

Uni ont, en effet, rivalisé de zèle et d'intelligence pour paraître ce que beaucoup d'entre eux sont réellement, non-seulement des manufacturiers passés maîtres dans toutes les branches de leur technologie, mais aussi des hommes ayant acquis, à force d'études et de sacrifices, l'intelligence de leur art. Nulle part on ne saisit mieux que dans cette galerie ce que peuvent le travail et l'application au service de la persévérance et de la volonté.

Les nations étrangères sont donc peu ou point représentées dans ce concours. — La Chine, le Japon, les Indes anglaises, paraissent avec quelques-unes de leurs faïences et de leurs porcelaines anciennes et modernes; mais ces produits ne sont ni en quantité ni de qualité suffisantes pour donner une idée vraie de cet art et de ces technologies orientales, qui ont été et sont encore à certains égards l'A et l'Ω de la céramique[1]. — Je lis aussi le nom des États-Unis d'Amérique, voire celui du Canada, mais sans rien trouver d'instructif ni d'intéressant sous cette dénomination. — Il en est de même de la Russie. — Quant à l'Allemagne, c'est la manufacture royale de Berlin qui la représente, représentation sérieuse, mais pédante et sèche, ennuyeuse et triste au possible. Les vases de porcelaine blanche, quoique arides de formes, sont encore les plus supportables. Quant aux vases décorés, ils sont chargés de peintures qui ont la prétention d'être de la vraie peinture et de rivaliser avec de vrais tableaux. Dans les deux grands vases dont les sujets représentent *Psyché portée au ciel par les Amours,* d'après Prud'hon, et *l'Enlèvement d'Eurydice,* d'après Drolling, les couleurs sont tellement épaisses, l'effet de la vraie peinture est tellement cherché, que l'aspect général prend quelque chose de sombre et de quasi-funèbre. Ces produits sont bien de leur pays. L'agrément leur fait presque complétement défaut. Les Prussiens sont, dans leur céramique, ce qu'ils sont en tout : des gens sérieux, savants, raides, guindés. Ils semblent ne pas savoir que la porcelaine est faite pour le plaisir des yeux. — Je ne parle pas des quelques porcelaines de Saxe, qui paraissent n'être là que pour nous rappeler une fabrication célèbre jadis, et pour nous la faire regretter par comparaison. — Le Danemark a envoyé aussi quelques porcelaines insignifiantes, et quelques biscuits dans le goût des œuvres de Thorwaldsen. Une copie de la statue d'*Hébé*, exécutée en porcelaine sur une grande échelle, démontre que le sculpteur danois n'a rien perdu de son ancien prestige sur ses compatriotes. En général, l'imitation aride, non-seulement de la

---

[1]. Je signale surtout les fabriques de Sazouma comme nous donnant des pâtes à émaux vitreux d'une qualité de ton et d'un craquelé remarquable.

forme des vases antiques (particulièrement des vases grecs et étrusques), mais de la décoration classique de ces vases, donne à la céramique scandinave quelque chose de raide et de peu conforme à la raison d'être de ce genre de produits... Le reste de ce vaste musée céramique est rempli par les produits anglais.

Les porcelaines anglaises sont nombreuses et variées. Un grand effort, couronné de succès, a été fait dans cette direction particulière. — Les porcelaines peintes et émaillées, à l'imitation des émaux de Limoges, occupent une place importante parmi les produits de la manufacture de Worcester. — M. Maclise a tiré plusieurs sujets bien réussis de l'histoire de la conquête des Normands. — M. Thomas Botta a décoré, avec un rare bonheur d'exécution, une aiguière et son plateau de motifs empruntés à la même histoire. Sur les fonds bleus, presque noirs, les petites figures s'enlèvent en blanc avec beaucoup de relief et de vivacité. — Les vases, ornés de camaïeux roses, exposés par MM. Battam et fils rappellent, dans les peintures qui les décorent, tantôt l'école romaine, tantôt l'école de Parme; ils démontrent à la fois une bonne fabrication, la pratique assidue des bons modèles, et une science consommée des matières colorantes et de leurs excipients. — Les petites pièces bleues et roses de M. J. Rose sont généralement bien venues, franches de tons, en même temps que légères et transparentes. — La décoration des porcelaines de M. T. Goode est plus remarquable encore. Le petit plateau sur lequel une ronde d'Amours est peinte en camaïeu bleu sur fond blanc prouverait encore à lui seul la transformation opérée depuis une quinzaine d'années dans le goût anglais. A chaque instant, d'ailleurs, on sent, dans cette exposition céramique, l'influence du voisinage et de l'enseignement de Kensington. Disons que, à chaque instant aussi, on y reconnaît la main d'artistes français à la solde de la fabrication anglaise. — M. Daniell a exposé de belles bouteilles décorées de nénuphars blancs, qui s'épanouissent sur un fond bleu-turquoise très-franc. Des Amours contenus dans des médaillons font bon effet aussi sur des vases également bleus. — Je cite, comme mémoire seulement, les porcelaines de M. Mortlock, de M. Birney, de M. Screen, et j'arrive à l'un des grands noms de l'industrie anglaise.

Depuis les premiers essais de porcelaine tentés à Chelsea en 1745, les porcelaines de Wedgwood n'ont cessé d'être fort estimées, non-seulement en Angleterre, mais partout où s'est éveillé l'esprit de recherche et de curiosité. Ces œuvres, plastiques autant que céramiques, coïncidaient avec le mouvement de retour vers l'antiquité provoqué par Winckelmann, et le nom d'Étruria, que Wedgwood donna au pays où il établit ses manufactures, indique le but qu'il se proposa et la tradition qu'il entendit léguer à ses descendants. Le vase Portland, qu'il répéta avec tant de prédilection, peut être considéré comme un des types favoris de cette fabrication [1]. Reproduire les bons modèles sous une matière dure, belle et durable, surtout les modèles de l'antiquité, fut la préoccupation constante de Josiah Wedgwood, et les héritiers de son nom ont été fidèles à cet enseignement. Ces reproductions, la plupart du temps un peu molles et sans caractère, ces reliefs et ces camées en pâte de biscuit de porcelaine blanche sur fonds bleus pâles ou noirs, toutes ces compositions classiques auxquelles Flaxmann, ami et collaborateur de Wedgwood, a attaché son nom, l'exposition actuelle continue de nous les montrer. Les Muses, les Amours, les Faunes, les Nymphes et toutes les divinités païennes, poursuivent leurs évolutions aimables au milieu des guirlandes de fleurs et des têtes de béliers, dont l'arrangement démontre encore, en 1871, le goût du xviiie siècle. Les fonds seuls semblent avoir changé de nuances, et ce n'est point à leur avantage : le bleu très-pâle et presque gris de l'ancienne fabrication a fait place à un bleu dur, sec et foncé; les verts sont ternes, et un noir grisâtre, qui affadit les contours, a été substitué au noir d'ébène que nous voyions jadis. Ainsi, pour les statuettes et les vases, plus de ces pâtes à tons fermes si propices au modelage; pour les simples reliefs, plus de ces transitions douces entre les sujets et les fonds. Cette fabrication a vieilli. L'antiquité, vue par les yeux des contemporains de Georges III, ne nous suffit plus. Ce que nous aimons du xviiie siècle, c'est le xviiie siècle lui-même; quant à sa manière de voir sur l'antiquité, elle nous paraît fausse. Les pièces classiques de M. Wedgwood sont donc d'un style suranné, en même temps que d'une fabrication moins heureuse que par le passé.

Si le nom de Wedgwood est le plus ancien et le plus illustre dans l'histoire de la céramique anglaise, le nom de Minton en est aujourd'hui le plus important. M. Minton a travaillé sans relâche depuis plus de vingt ans pour acclimater dans son pays toutes les branches de la céramique qui se confondent avec l'art, et le succès a récompensé ses efforts. A la première Exposition universelle, en 1851, Sèvres et nos principaux porcelainiers français furent l'objet d'une admiration presque exclusive. A la cinquième épreuve qui réunit toutes les nations, en 1871, les porcelaines anglaises rivalisent avec ce que nous pouvons produire de plus beau. Ainsi, tandis que nous restions stationnaires, les Anglais travaillaient, travaillaient sans cesse, et, moins bien doués que nous, dérobaient à la nature, par un redoublement d'ardeur et d'application, ce qu'elle semblait

---

1. Le vase Portland est au British Museum.

vouloir leur refuser. La science leur a livré tous les secrets de la pâte dure et de la pâte tendre, de la préparation des oxydes métalliques et de la composition des fondants. Les porcelaines de M. Minton sont généralement heureuses de formes et très-belles comme colorations. Les bleus-turquoise particulièrement arrivent à une intensité de tons tout à fait remarquable. Sur ces fonds si riches, des cygnes d'une blancheur éclatante, des cigognes, des hérons, des chardonnerets, des perroquets rouges aux ailes vertes, des branches d'aubépine, des roseaux, des fleurs d'églantier ou de clématite, des papillons, toutes les couleurs dont la nature se plaît à nous éblouir et à nous charmer se produisent avec une audace presque toujours heureuse. Les artistes qui dirigent ces décorations ne reculent pas devant les oppositions, si violentes qu'elles soient, et ils suivent en cela les modèles de l'Orient, qu'ils ont médités et dont ils s'inspirent, sans les reproduire textuellement. Les pièces de porcelaine en céladon vert tendre, ornées de figures émaillées de blanc et modelées dans la pâte, sont dignes aussi de remarque. Je signalerai encore, sur ces mêmes céladons, les médaillons noirs, avec de très-fins reliefs bleus, et les guirlandes bleues de feuillages et de fleurs également en relief.

La porcelaine anglaise, en général, ne vise pas à faire grand; elle a raison, j'ai dit déjà pourquoi. Elle est dans une bonne voie d'imitation. Elle trouve la plupart du temps ses modèles là où il faut les chercher, dans l'ancienne Chine et dans l'ancien Japon, et, plus près de nous, dans la Saxe et surtout dans la France du xviiie siècle. Non que les manufacturiers anglais nous rendent au vrai le vieux Saxe ou notre vieux Sèvres; mais ils savent maintenant ce qu'ont valu ces produits au point de vue de la délicatesse et du goût, ils en affectionnent les formes, ils en veulent pénétrer l'esprit, ils travaillent à en dégager les parfums. Cependant les formes archaïques ne sont pas sans tenter aussi les fabricants anglais; mais, dès qu'ils cèdent à la tentation, ils s'égarent. Les statuettes en biscuit de porcelaine sont abondantes dans l'Exposition, et quelquefois c'est aux dépens de l'art classique que le goût britannique arrive à se satisfaire. Cette pâte, d'apparence laiteuse et molle, est une matière plastique qui se prête mal aux contours austères de l'antiquité. L'esprit grec ou romain laisse une fausse empreinte dans le kaolin; l'image de la Renaissance s'y reflète également avec fadeur; le xviie siècle lui-même ne s'y reconnaît qu'avec grimace. Les œuvres d'imagination de l'extrême Orient exceptées, et, à ne considérer que l'histoire des technologies occidentales, la porcelaine et le xviiie siècle semblent avoir été faits l'un pour l'autre. Cela posé, nous n'avons plus qu'à remonter aux sources et à nous inspirer des vrais modèles, en tâchant de les adapter à nos convenances et à notre manière de voir.

En dehors de la fabrication délicate et un peu bornée de la porcelaine, les céramistes anglais aspirent à être les premiers faïenciers du monde. Ils le sont en effet, et de beaucoup, par l'importance des œuvres qu'ils entreprennent ; ils sont en train de le devenir aussi par la qualité de leurs produits, réserve faite pour quelques exceptions que nous avons revendiquées hautement pour la France.

Nous apporterons d'abord une sérieuse attention aux terres cuites et aux faïences architectoniques de M. Doulton. Il y a là de sérieux progrès, accomplis en vue de l'architecture et de la grande ornementation. Les terres de M. Doulton affectent les plus beaux tons de la pierre, et elles ont, quoique moulées, la netteté de contour des plus fines sculptures. Les arêtes sont vives et comme faites au ciseau. Si les produits de M. Doulton ne tentaient pas de se mesurer avec la figure humaine, il n'y aurait guère que des éloges à leur donner. Voilà une industrie, très-voisine de l'art, appelée à un grand avenir. — Les produits similaires exposés par MM. J. Stiff, W. Tholland, Standing et Marten, de Pulham, etc., sont intéressants aussi, mais inférieurs à ceux de M. Doulton.

Parmi les faïences peintes et émaillées, nous placerons avec distinction celles de M. Simpson. Ses deux cheminées avec arabesques, blasons et figures, sont faites dans un excellent esprit de décoration ; elles seraient parfaitement à leur place dans nos habitations. Ses grandes plaques ornées de vases où fleurissent de grands lis, au milieu desquels voltigent des oiseaux, sont également bien réussies au point de vue de nos ameublements. Ses imitations de mosaïques sont d'heureuses tentatives aussi, dont nos monuments religieux pourraient s'enrichir. Son escalier surtout donne l'idée du parti que notre architecture pourrait tirer de la faïence : la rampe et les balustres se détachent sur un pan de muraille revêtu de carreaux émaillés, dessinant, au milieu de rinceaux et de méandres fleuris, une infinité de petits sujets d'un goût et d'un ton charmants. Dans de pareilles entreprises, on sent revivre les plus chers souvenirs des plus belles époques. — Les pilastres à fonds violets, avec arabesques modelées dans la terre et émaillées de blanc ; la grande gourde, avec un lis entouré d'Amours ; les têtes de jeunes filles, librement peintes sur plaques émaillées ; tout cela fait honneur à M. Copeland. — Les grandes figures en terre cuite, représentant les mois, et les bas-reliefs en forme de frises sur lesquels on peut suivre les diverses phases des manipulations de la poterie, nous ramènent vers M. Wedgwood. Un sculpteur anglais, M. Rowland J. Morris, est l'auteur de ces sculptures, qui sont destinées à un monument élevé à Josiah Wedgwood au centre même de sa manufacture. A défaut d'artistes anglais, un peintre français, M. Lessore, nous forcerait d'ailleurs à revenir encore vers l'exposition de M. Wedgwood. M. Lessore, qui a, depuis bien des années déjà, associé sa vie aux travaux des plus importantes manufactures anglaises, possède une rare intelligence des conditions décoratives de la faïence. Les esquisses dont il décore les vases, les jardinières, les brûle-parfums et jusqu'aux simples assiettes, sont généralement empruntées à la vie champêtre ou aux jeux de l'enfance. Ces peintures, faites d'une manière toute conventionnelle, avec une fantaisie pleine de verve, sont généralement ingénieuses et quelquefois charmantes; quelquefois aussi elles sont trop lâchées d'exécution et manquent de clarté dans la forme. Ainsi que M. Lessore, de nombreux artistes français mettent leur talent et trouvent souvent leur fortune au service de l'industrie anglaise. M. Minton a pour collaborateurs assidus des hommes d'un vrai talent, M. Carrier-Belleuse, M. Solon-Milès, M. Bouquet, etc; de sorte que, en considérant les entreprises les plus considérables de la céramique anglaise, ce sont des noms français qu'il faut citer en première ligne[1]. Les faïences de M. Minton sont en nombre considérable à l'Exposition, et plusieurs d'entre elles méritent une attention sérieuse. Des revêtements en briques émaillées, peintes dans le style oriental, sont d'une excellente fabrication. De grandes plaques, avec des oiseaux et des plantes modelés et peints sur fonds bleus, sont des répétitions bien venues de pièces très-importantes dont M. Deck peut à bon droit revendiquer l'invention. Des plats, dont la décoration est empruntée aux faïences persanes; d'autres, copiés d'après les majoliques italiennes; des faïences littéralement modelées sur celles de Henri II, etc., montrent que si, en fait d'imitation, M. Minton n'a pas tout réussi, il a tout entrepris, tout osé. Enfin, de grandes pièces, souvent trop compliquées d'invention et trop emcombrées de sculptures, insuffisantes presque toujours dès que la figure humaine intervient, prouvent que, s'il reste encore à faire au point de vue de l'art, toutes les difficultés pratiques ont pour ainsi dire disparu.

Je ne me croirais pas quitte envers les hommes d'un rare mérite qui, sous le nom de Minton, ont donné une si remarquable impulsion à une des branches les plus remarquables de l'industrie britannique, si je

---

[1]. C'est un de nos compatriotes, M. Arnould, habile ingénieur et remarquable céramiste, qui a la plus large part dans la direction des usines de Stock on Trent. Nos révolutions l'ont forcé de chercher en Angleterre la sécurité nécessaire au travail, et, depuis 1848, il dirige la plus importante exploitation de Staffordshire.

ne me transportais un moment de l'Exposition internationale au musée de Kensington. Là, en effet, est la véritable exposition, l'exposition monumentale de la céramique anglaise. C'est tout un palais de faïence et d'émail. Les escaliers, les vestibules, les galeries, les buffets, les cuisines, les couloirs, etc., tout a reçu déjà ou va recevoir bientôt son revêtement de terres émaillées. De grandes colonnes de faïence, couronnées de riches chapiteaux corinthiens, sont décorées de feuillages dans la partie supérieure du fût, et enrichies à la base par de larges anneaux sur lesquels des Amours se jouent au milieu de grandes lettres majuscules. Ces colonnes soutiennent des plafonds, qui seront également revêtus de faïences. Les rampes d'escalier, les marches, les balustres sont en faïence, et les parois verticales des murs en sont aussi parées. Tout cela est de la plus belle, de la plus vive, de la plus originale exécution. Les formes sont heureuses, l'ornementation est délicate, les couleurs sont discrètes. Rien de plus inattendu que la galerie du premier étage. Les faïences et les porcelaines de tous les temps et de tous les pays, classées méthodiquement dans ce palais dont les moindres détails rappellent les conquêtes de la céramique, doublent de valeur dans un pareil cadre. La lumière prend une qualité inusitée en frappant sur ces surfaces émaillées; la clarté, qui se répand partout sans efforts, met en évidence l'ordre et l'exquise propreté qui règnent dans toutes les parties de l'édifice. Les buffets, de leur côté, ne le cèdent en rien aux galeries; peut-être même faudrait-il leur donner le pas sur elles. On sait quelle place importante occupe dans la vie anglaise tout ce qui touche au comfortable. Nulle part on n'a donné une si large satisfaction aux besoins matériels, en les rehaussant de tout ce que peuvent imaginer la délicatesse et le goût. La *Restauration* est donc à elle seule un monument céramique d'une grande importance. La salle principale est décorée de colonnes en faïence, accouplées deux à deux, qui soutiennent trois grands arcs, commandant la tribune où se trouvent les buffets. Les parois verticales, toutes revêtues de caissons hexagones émaillés de blanc et entourés d'arabesques noires, sont encadrées dans des frises sur lesquelles sont figurés des banquets, des cortéges bachiques et des légendes inscrites en grandes lettres, au milieu desquelles circulent une multitude d'enfants nus. Le plafond lui-même est recouvert de faïences, dont le dessin rappelle les voûtes de la villa Madama. La décoration de la cuisine est plus remarquable encore. Les saisons et les mois occupent la partie supérieure de ces murailles de faïence et d'émail; tandis que, à la partie inférieure, une foule de petits cercles, inscrits dans une infinité de briques carrées de $0^m,30$ environ, sont autant de tableaux où des figures, des paysages, des marines, sont esquissés d'une main spirituelle et savante. Tout cela forme un ensemble où l'œil et l'esprit trouvent en même temps leur satisfaction. Dans de tels monuments, l'antiquité, la Renaissance, tous les bons modèles de tous les temps ont apporté leur contingent d'informations aux artistes aussi bien qu'aux industriels. Il est clair que les hommes qui ont conçu et exécuté de pareilles choses vivent dans l'intimité des plus belles œuvres. Les céramistes anglais ont fait, dans ces quinze dernières années, d'énormes progrès, et ils ont accompli de grandes choses. Ils ont démontré, à eux seuls, toute l'utilité d'un établissement aussi bien pourvu, aussi magnifiquement doté que le Kensington Museum. Si nous avons encore des céramistes qui demeurent les premiers, l'ensemble de nos industries céramiques est maintenant dépassé. Il n'en est pas de même, nous l'avons vu dans cette étude, pour la plupart des autres applications de l'art à l'industrie. La France, tout en voyant grandir à ses côtés des émules, est loin d'avoir trouvé des maîtres; il ne tient qu'à elle encore de rester l'arbitre du goût, mais il faut qu'elle se hâte d'apprendre et de travailler. Les efforts tentés par les Anglais depuis vingt ans n'ont pas, d'ailleurs, produit tous les résultats qu'ils auraient pu donner. Pourquoi? Je vais le dire en terminant; et puisque les développements monumentaux de la céramique anglaise nous ont amenés au musée de Kensington, nous nous y tiendrons comme d'un excellent point de vue d'où nous pouvons regarder sur nous-mêmes et résumer cette étude.

L'Exposition internationale de Londres a été faite spécialement en vue de l'Institut de Kensington; l'idée en a été conçue par les administrateurs de cet établissement, qui ont eux-mêmes réglé toutes les conditions du concours. Or, en mettant en lumière la science acquise et les résultats obtenus, ils ont montré avec évidence par où leur système aussi faisait défaut.

En 1851, à la suite de la première Exposition universelle, les Anglais, émerveillés de notre supériorité en matière de goût, comprirent qu'ils devaient faire un effort considérable pour mettre leurs arts à la hauteur de leurs industries, et ils fondèrent le Kensington Museum. Ils partirent de cette doctrine, qu'il n'y a pas d'art proprement dit, d'art abstrait, qu'il faille considérer en dehors de la vie pratique et usuelle, mais que l'art est partout et dans tout, qu'on le trouve à la base comme dans les ramifications de toutes les industries, et que les mêmes procédés d'étude lui conviennent, quels que soient son but et sa raison d'être. Cela posé, ils créèrent un vaste musée qui dut comprendre, presque sous une même étiquette, les plus merveilleux chefs-d'œuvre des plus grands maîtres et les plus remarquables produits de toutes les industries; puis, de ce musée, ils firent le centre d'un vaste enseignement, où l'art fut professé, non-seulement en lui-même, mais dans toutes ses applications professionnelles. Ainsi se trouvèrent confondus l'art et les arts industriels[1]. Or, quoi qu'on dise et qu'on fasse, l'art et l'industrie sont deux choses séparées, parfaitement distinctes. On ne les peut confondre sans danger. Ce qu'il faut cultiver avant tout, c'est l'art proprement dit, ce qu'on appelle très-judicieusement le grand art, l'art considéré en lui-même, aimé pour lui-même, en dehors de toute idée d'intérêt et de spéculation. Voilà la flamme sacrée qu'il faut tâcher d'allumer, si elle n'a point encore paru, d'entretenir et de développer, dès qu'elle a lui déjà. A ce foyer viendront d'eux-mêmes s'ennoblir et se purifier tous les métiers et tous les besoins de la vie. Une galerie de tableaux, un musée de sculptures, ne doivent point être confondus avec des œuvres de métier, quelque estimables qu'elles soient d'ailleurs. L'idée d'un tel assemblage est fausse, et c'est elle, à mon sens, qui a empêché le Kensington Museum de produire, dans toutes les directions, les résultats qu'on en attendait. Comme cette idée tend à prévaloir aussi chez nous, mon devoir est de la dénoncer.

Jusque dans ces dernières années, il eût paru inadmissible à nos peintres et à nos sculpteurs de voir leurs œuvres assimilées à celles de l'industrie; la pensée d'abriter leurs tableaux et leurs statues sous le même toit que les machines et les objets de fabrique, de les exposer à la même curiosité, de les soumettre aux mêmes compétences, les eût révoltés. Cela s'est vu, cependant, à l'Exposition de 1867, sans soulever par trop les réclamations des artistes, non plus que les protestations du public. Et quelle triste figure faisaient là nos œuvres d'art! Quel rang secondaire elles prirent tout à coup, presque sans protester, dans les préoccupations et dans les prédilections générales! C'est que l'art, chez nous, s'était courbé sous le joug qui soumettait tout, l'argent. Les artistes ne visaient plus guère qu'à une chose, s'enrichir. On parlait beaucoup plus du prix vénal que de la valeur esthétique. En devenant annuelles,

---

1. Je ne voudrais pas qu'on se méprît sur ma pensée. Je crois que les bases de l'enseignement du dessin doivent être unes pour tous. Il y a un enseignement primaire que tous indistinctement nous devons recevoir. De même qu'il n'y a pas deux manières de mettre l'orthographe, il n'y a pas deux façons de dessiner correctement. Le même alphabet esthétique est indispensable à toutes nos écoles. Seulement, une fois les notions élémentaires données de part et d'autre, l'industrie suit sa voie en appliquant, en vue du commerce, les arts du dessin aux besoins de la vie, tandis que l'art proprement dit garde, en dehors de toute idée de spéculation, ses privilèges, ses aspirations personnelles, son indépendance.

presque permanentes par conséquent, les expositions de peinture n'étaient guère, d'ailleurs, que des bazars de marchandises, et, quand il s'est agi pour nos artistes de prendre rang dans une véritable exposition industrielle, cela s'est fait tout naturellement, comme la chose la plus simple et la plus rationnelle du monde... Rappelons-nous 1855 et la première Exposition universelle de Paris. L'Empire, à peine né, vivait des générations élevées par les précédents régimes; c'est avec elles qu'il venait de vaincre en Crimée, et c'étaient elles aussi qui fournissaient les éléments du grand concours auquel la France conviait alors tous les peuples. Quelle noble place tinrent alors nos arts et quelle grande position nos artistes! On ne leur avait point élevé de palais; il n'y avait là ni buffets pour bien boire, ni bosquets pour agréablement causer; et les hangars improvisés de l'avenue Montaigne se remplissaient chaque jour d'une foule animée d'une curiosité saine. C'est que, là, nous pouvions lire encore, écrite en nobles caractères, l'histoire de nos aspirations, de nos rêves, de nos luttes, de nos gloires. Telle salle contenait l'œuvre d'Ingres; telle autre celle de Delacroix; ici c'était Horace Vernet; là Heim; ailleurs Decamps; Flandrin était dans toute sa grâce; Rude, par un succès éclatant et mérité, couronnait sa laborieuse carrière; Duret obtenait une juste récompense; Duban revendiquait, pour notre architecture, une incontestable supériorité; M. Henriquel-Dupont prouvait, comme il n'a pas discontinué de le faire, que, en dépit des conquêtes de la photographie, la gravure française n'avait pas dégénéré. Nous vivions de notre passé, le présent nous permettait d'espérer encore, et, dans notre imprévoyante présomption, nous ne songions point à l'avenir. Douze ans plus tard, cependant, nous étions façonnés à tout, prêts à tout accepter. Nos sentiments avaient fait place à des sensations, et l'Exposition universelle de Paris, en 1867, donna aux sens une complète satisfaction. L'art lui-même, envahi par la jouissance, ne se trouva pas dépaysé dans ce grand caravansérail, où il faisait alliance avec toutes les convoitises... Voilà ce que nous avons été jadis, voilà ce que nous sommes aujourd'hui. Pourrons-nous remonter ce courant, revenir aux sources et y retremper notre caractère? Oui, si nous voyons notre mal, si nous en reconnaissons la cause, si nous comprenons que, avec une histoire de quinze siècles, nous devons, sans abdiquer nos aspirations vers le mieux, nous rattacher aux traditions qui nous ont faits grands. Or la France a eu pour vocation d'aimer l'art pour lui-même, de le patronner et de le faire aimer sous cette forme indépendante et presque platonique. Revendiquons ce privilége, que notre époque positive traite peut-être de folie; et, si notre heure est venue, n'achetons pas quelques années d'existence par des qualités d'emprunt, qui ne sont la plupart du temps que des vices d'imitation; n'abdiquons pas notre génie; gardons jusqu'à la fin notre genre d'éloquence, notre esprit, notre clarté. Que toujours l'art et l'industrie soient pour nous deux choses séparées, bien distinctes. Ayons des collections technologiques, dans lesquelles l'art tiendra le plus de place possible. Apprenons, dans ces collections, les développements et les vicissitudes du goût; attachons-nous aux belles époques; respectons les traditions, tout en nous préservant des imitations banales et indifférentes; affranchissons-nous de la tyrannie du luxe à outrance, et cherchons dans la simplicité les éléments du beau. Donnons ainsi une large satisfaction à toutes les industries qui relèvent de l'art. Cela fait, gardons l'art pur dans nos musées, comme un trésor qu'il faut tenir à l'abri de tout contact profane[1]. Recouvrons la dignité de notre art, et nos arts décoratifs retrouveront d'eux-mêmes leur prépondérance. Ayons notre Kensington, mais gardons notre Louvre; ayons nos arts décoratifs, mais conservons notre art indépendant et désintéressé; perfectionnons notre enseignement professionnel du dessin, mais ne touchons à notre École des Beaux-Arts que pour la relever et lui rendre ses prérogatives... La chose importante, en effet, c'est l'art lui-même, l'art considéré, je le répète, en dehors de toute idée d'application et de spéculation. Faites l'art grand et pur; vous aurez, par surcroît et comme conséquence nécessaire, des arts industriels aimables et charmants. Toutes les belles époques de l'art ne nous ont-elles pas laissé d'admirables technologies? Si les vases, les ivoires, les bronzes d'ameublement, les monnaies et les bijoux de l'antiquité nous ravissent, c'est qu'ils portent la vive empreinte de cette beauté immuable qui fut l'âme de la Grèce. Si la Renaissance également nous enchante par ses meubles, ses parures, ses émaux, ses nielles, son orfèvrerie, sa céramique, etc., c'est que le moindre de ces objets respire ce parfum d'humanité si émouvant dans les maîtres de cette époque. De même, toutes proportions gardées pour ce qui relève du goût, une tapisserie ou une faïence du XVIIe siècle reflète la magnificence du grand règne; le moindre fragment de pâte tendre nous introduit dans l'intimité des raffinements du XVIIIe siècle...

1. On m'objectera sans doute que la plupart des grands musées de l'Europe possèdent des vases et des bijoux antiques, des bahuts, des faïences et des émaux de la Renaissance, et qu'ils s'en font honneur. Mais, dans tout musée bien ordonné, ce qui appartient aux technologies anciennes est classé à part et n'est confondu ni avec la sculpture, ni avec la peinture. Si, d'ailleurs, cette confusion se produit, elle n'a pas, toute blâmable qu'elle est encore, le danger qu'elle présente quand il s'agit du mélange de notre industrie actuelle avec nos arts contemporains: car, les intérêts matériels n'étant plus en jeu, l'art n'a plus autant à redouter du voisinage de l'industrie.

Mais, nous dira-t-on, pourquoi, durant la période libérale de notre xixe siècle (1815-1851), les applications de l'art à l'industrie ont-elles été pauvres alors que l'art était dans une si bonne voie d'agrandissement? C'est que nos révolutions ont arrêté et paralysé la force vitale quand elle n'avait point encore eu le temps de passer du centre à la circonférence et comme du cœur aux membres. Une époque quelconque de civilisation est comme un corps complet, dont toutes les parties se tiennent et se développent en leur temps ; si des bouleversements politiques incessants viennent entraver les évolutions de sa croissance, toutes les espérances de virilité qu'avait fait concevoir la jeunesse s'évanouissent sans presque laisser de traces après elles. C'est l'histoire de notre époque. Jadis, une idée mettait des siècles à se perfectionner sous une forme sensible. Maintenant, nous brûlons de nos propres mains les assises sans cesse renouvelées sur lesquelles nous essayons de bâtir, et nous ne laissons après nous que des cendres. De toutes les négations qui nous obsèdent, parviendrons-nous à faire surgir un principe nouveau? Ou bien reviendrons-nous de guerre lasse à l'ancien idéal qui nous faisait vivre? Ce n'est point ici le lieu de répondre à cette question. Mais je demande à l'art de ne se point décourager, et, quelles que soient nos destinées, de reprendre et de faire respecter le haut patronage qu'il ne doit jamais abdiquer. Je le supplie surtout de s'insurger contre la promiscuité qui tend à l'assimiler à l'industrie. L'industrie doit procéder de l'art et s'y rattacher par des liens intimes. L'art doit garder son indépendance ; il doit, sans descendre de ses hauteurs, répandre ses rayons sur tous les courants de la vie.

A. Gruyer.

www.ingramcontent.com/pod-product-compliance
Lightning Source LLC
Chambersburg PA
CBHW070218230526
45471CB00002B/973